LE COMTE
DE
MONTE-CHRISTO

PAR

ALEXANDRE DUMAS.

II

PARIS.

PÉTION, LIBRAIRE-ÉDITEUR

DES ŒUVRES COMPLÈTES D'EUGÈNE SUE,

11, RUE DU JARDINET.

1845

LE COMTE
DE
MONTE-CHRISTO.

PARIS. — IMPRIMERIE DE A. HENRY,
RUE GIT-LE-COEUR, 8.

LE COMTE

DE

MONTE-CHRISTO

PAR

ALEXANDRE DUMAS.

XI.

PARIS,

PÉTION, LIBRAIRE-ÉDITEUR,

11, RUE DU JARDINET.

1845

LE COMTE
DE
MONTE-CHRISTO.

CHAPITRE PREMIER.

LE PROCÈS-VERBAL.

Noirtier attendait, vêtu de noir, et installé dans son fauteuil.

Lorsque les trois personnes qu'il comptait voir venir furent entrées, il regarda la porte que son valet de chambre ferma aussitôt.

— Faites attention, dit Villefort bas à Valentine qui ne pouvait céler sa joie, que si M. Noirtier veut vous communiquer des choses qui empêchent votre mariage, je vous défends de le comprendre.

Valentine rougit, mais ne répondit pas.

Villefort s'approcha de Noirtier.

— Voici M. Franz d'Epinay, lui dit-il; vous l'avez mandé, Monsieur, et il se rend à vos désirs. Sans doute nous souhaitions cette entrevue depuis longtemps, et je serai charmé qu'elle vous prouve combien votre opposition au mariage de Valentine était peu fondée.

Noirtier ne répondit que par un regard qui fit courir le frisson dans les veines de Villefort.

Il fit de l'œil signe à Valentine de s'approcher.

En un moment, grâce aux moyens dont elle avait l'habitude de se servir dans les conversations avec son père, elle eut trouvé le mot *clef*.

Alors elle consulta le regard du paralytique, qui se fixa sur le tiroir d'un petit meuble placé entre les deux fenêtres.

Elle ouvrit le tiroir et trouva effectivement une clef.

Quand elle eut cette clef et que le vieillard lui eut fait signe que c'était bien celle-là qu'il demandait, les yeux du paralytique se dirigèrent vers un vieux secrétaire oublié depuis bien des années, et qui ne renfermait, croyait-on, que des paperasses inutiles.

— Faut-il que j'ouvre le secrétaire? demanda Valentine.

— Oui, fit le vieillard.

— Faut-il que j'ouvre les tiroirs?

— Oui.

— Ceux des côtés?

— Non.

— Celui du milieu?

— Oui.

Valentine l'ouvrit, et en tira une liasse.

— Est-ce là ce que vous désirez, bon père? dit-elle.

— Non.

Elle tira successivement tous les autres papiers, jusqu'à ce qu'il ne restât plus rien absolument dans le tiroir.

— Mais le tiroir est vide maintenant, dit-elle.

Les yeux de Noirtier étaient fixés sur le dictionnaire.

— Oui, bon père, je vous comprends, dit la jeune fille.

Et elle répéta l'une après l'autre chaque lettre de l'alphabet; à l'S, Noirtier l'arrêta.

Elle ouvrit le dictionnaire, et chercha jusqu'au mot *secret*.

— Ah! il y a un secret? dit Valentine.

— Oui, fit Noirtier.

— Et qui connaît ce secret?

Noirtier regarda la porte par laquelle était sorti le domestique.

— Barrois ? dit-elle.

— Oui, fit Noirtier.

— Faut-il que je l'appelle ?

— Oui.

Valentine alla à la porte et appela Barrois.

Pendant ce temps, la sueur de l'impatience ruisselait sur le front de Villefort, et Franz demeurait stupéfait d'étonnement.

Le vieux serviteur parut.

— Barrois, dit Valentine, mon grand-père m'a commandé de prendre la clef dans cette console, d'ouvrir ce secrétaire et de tirer ce tiroir; maintenant il y a un secret à ce tiroir, il paraît que vous le connaissez, ouvrez-le.

Barrois regarda le vieillard.

— Obéissez, dit l'œil intelligent de Noirtier.

Barrois obéit; un double fond s'ouvrit et présenta une liasse de papiers nouée avec un ruban noir.

— Est-ce cela que vous désirez, Monsieur? demanda Barrois.

— Oui, fit Noirtier.

— A qui faut-il remettre ces papiers? à M. de Villefort?

— Non.

— A mademoiselle Valentine?

— Non.

— A M. Franz d'Epinay?

— Oui.

Franz, étonné, fit un pas en avant.

— A moi, Monsieur? dit-il.

— Oui.

Franz reçut les papiers des mains de Barrois, et jetant les yeux sur la couverture, il lut:

« Pour être déposé après ma mort chez

mon ami le général Durand, qui lui-même en mourant léguera ce paquet à son fils, avec injonction de le conserver comme renfermant un papier de la plus grande importance. »

— Eh bien ! Monsieur, demanda Franz, que voulez-vous que je fasse de ce papier ?

— Que vous le conserviez cacheté comme il est sans doute, dit le procureur du roi.

— Non, non, répondit vivement Noirtier.

— Vous désirez peut-être que Monsieur le lise? demanda Valentine.

— Oui, répondit le vieillard.

— Vous entendez, M. le Baron, mon père vous prie de lire ce papier, dit Valentine.

— Alors asseyons-nous, fit Villefort avec impatience, car cela durera quelque temps.

— Asseyez-vous, fit l'œil du vieillard.

Villefort s'assit, mais Valentine resta debout à côté de son père, appuyée à son fauteuil, et Franz debout devant lui.

Il tenait le mystérieux papier à la main.

— Lisez, dirent les yeux du vieillard.

Franz défit l'enveloppe, et un grand silence se fit dans la chambre. Au milieu de ce silence, il lut :

« *Extrait des procès-verbaux d'une séance du club bonapartiste de la rue Saint-Jacques, tenue le 5 février 1815.* »

Franz s'arrêta.

— Le 5 février 1815, dit-il, c'est le jour où mon père a été assassiné!

Valentine et Villefort restèrent muets; l'œil seul du vieillard dit clairement : Continuez.

— Mais c'est en sortant de ce club, continua Franz, que mon père a disaru!

Le regard de Noirtier continua de dire : lisez.

Il reprit :

« Les soussignés Louis-Jacques Beaurepaire, lieutenant-colonel d'artillerie; Etienne Duchampy, général de brigade, et Claude Lecharpal, directeur des eaux et forêts,

« Déclarent que le 4 février 1815, une lettre arriva de l'île d'Elbe, qui recommandait à la bienveillance et à la confiance des membres du club bonapartiste le général Flavien de Quesnel, qui, ayant servi l'Empereur depuis 1804 jusqu'en 1814, devait être tout dévoué à la dynastie napoléonienne, malgré le titre de baron que Louis XVIII venait d'attacher à sa terre d'Epinay.

« En conséquence, un billet fut adressé au général de Quesnel, qui le priait d'assister à la séance du lendemain 5. Le billet n'indiquait ni la rue ni le numéro de la maison où devait se tenir la réunion; il ne portait aucune signature, mais il annonçait au général que s'il voulait se tenir prêt, on le viendrait prendre à neuf heures du soir.

« Les séances avaient lieu de neuf heures du soir à minuit.

« A neuf heures, le président du club se présenta chez le général : le général était prêt; le président lui dit qu'une des conditions de son introduction était qu'il ignorerait éternellement le lieu de la réunion, et qu'il se laisserait bander les yeux en jurant de ne point chercher à soulever le bandeau.

« Le général de Quesnel accepta la condition, et promit sur l'honneur de ne pas chercher à voir où on le conduirait.

« Le général avait fait préparer sa voiture, mais le président lui dit qu'il était impossible que l'on s'en servît, attendu que ce n'était pas la peine qu'on bandât les yeux du maître, si le cocher demeurait les yeux ouverts et reconnaissait les rues par lesquelles on passerait.

« — Comment faire alors ? demanda le général.

« — J'ai ma voiture, dit le président.

« — Êtes-vous donc si sûr de votre cocher, que vous lui confiiez un secret que vous jugez imprudent de dire au mien ?

« — Notre cocher est un membre du club, dit le président ; nous serons conduits par un conseiller d'état.

« — Alors, dit en riant le général, nous courons un autre risque, celui de verser.

« Nous consignons cette plaisanterie comme preuve que le général n'a pas été le moins du monde forcé d'assister à la séance, et qu'il y est venu de son plein gré.

« Une fois monté dans la voiture, le président rappela au général la promesse faite par lui de se laisser bander les yeux.

Le général ne mit aucune opposition à cette formalité : un foulard, préparé à cet effet dans la voiture, fit l'affaire.

« Pendant la route, le président crut s'apercevoir que le général cherchait à regarder sous son bandeau : il lui rappela son serment.

« Ah! c'est vrai, dit le général.

« La voiture s'arrêta devant une allée de la rue Saint-Jacques. Le général descendit en s'appuyant au bras du président, dont il ignorait la dignité, et qu'il prenait pour un simple membre du club ; on traversa l'allée, on monta un étage, et l'on entra dans la chambre des délibérations.

« La séance était commencée. Les membres du club, prévenus de l'espèce de présentation qui devait avoir lieu ce soir-là, se trouvaient au grand complet. Arrivé au milieu de la salle, le général fut invité à ôter son bandeau. Il se rendit aussitôt à l'invitation, et parut fort étonné de trouver un si grand nombre de figures de connaissance dans une société dont il n'avait pas même soupçonné l'existence jusqu'alors.

« On l'interrogea sur ses sentiments, mais il se contenta de répondre que les lettres de l'île d'Elbe avait.dû les faire connaître.... »

Franz s'interrompit.

— Mon père était royaliste, dit-il ; on n'avait pas besoin de l'interroger sur ses sentiments, ils étaient connus.

— Et de là, dit Villefort, venait ma liaison avec votre père, mon cher monsieur Franz; on se lie facilement quand on partage les mêmes opinions.

— Lisez, continua de dire l'œil du vieillard.

Franz continua :

« Le président prit alors la parole pour engager le général à s'exprimer plus explicitement; mais M. de Quesnel répondit qu'il désirait avant tout savoir ce que l'on désirait de lui.

« Il fut alors donné communication au général de cette même lettre de l'île d'Elbe qui le recommandait au club comme un homme sur le concours duquel on pouvait compter. Un paragraphe tout entier exposait le retour probable de l'île d'Elbe, et promettait une nouvelle lettre et de plus amples détails à l'arrivée du *Pharaon*, bâtiment appartenant à l'armateur Morrel, de Marseille, et dont le capitaine était à l'entière dévotion de l'Empereur.

« Pendant toute cette lecture, le général, sur lequel on avait cru pouvoir compter comme sur un frère, donna au contraire des signes de mécontentement et de répugnance visibles.

« La lecture terminée, il demeura silencieux et le sourcil froncé.

« — Eh bien! demanda le président, que dites-vous de cette lettre, M. le général?

« — Je dis qu'il y a bien peu de temps, répondit-il, qu'on a prêté serment au roi Louis XVIII, pour le violer déjà au bénéfice de l'ex-empereur.

« Cette fois la réponse était trop claire pour que l'on pût se tromper à ses sentiments.

« — Général, dit le président, il n'y a pas plus pour nous de roi Louis XVIII qu'il n'y a d'ex-empereur. Il n'y a que Sa Majesté l'empereur et roi, éloigné depuis dix mois de la France, son Etat, par la violence et la trahison.

« — Pardon, Messieurs, dit le général, il se peut qu'il n'y ait pas pour vous de roi Louis XVIII; mais il y en a un pour moi, attendu qu'il m'a fait baron et maréchal-de-camp, et que je n'oublierai jamais que c'est à son heureux retour en France que je dois ces deux titres.

« — Monsieur, dit le président du ton le plus sérieux et en se levant, prenez garde à ce que vous dites; vos paroles nous démontrent clairement que l'on s'est trompé sur votre compte à l'île d'Elbe, et qu'on nous a trompés! La communication qui vous a été faite tient à la confiance qu'on avait en vous, et par conséquent à un sentiment qui vous honore. Maintenant nous étions dans l'erreur; un titre et un grade vous ont rallié au nouveau gouvernement que nous voulons renverser. Nous ne vous contraindrons pas à nous prêter votre concours; nous n'enrôlons personne contre sa conscience et sa volonté, mais nous vous contraindrons à agir comme un galant homme, même au cas où vous n'y seriez point disposé.

« — Vous appelez être un galant homme connaître votre conspiration et ne pas la révéler ! J'appelle cela être votre complice, moi. Vous voyez que je suis encore plus franc que vous.... »

— Ah ! mon père, dit Franz, s'interrompant, je comprends maintenant pourquoi ils l'ont assassiné.

Valentine ne put s'empêcher de jeter un regard sur Franz ; le jeune homme était vraiment beau dans son enthousiasme filial.

Villefort se promenait de long en large derrière lui.

Noirtier suivait des yeux l'expression de chacun, et conservait son attitude digne et sévère.

Franz revint au manuscrit, et continua :

« — Monsieur, dit le président, on vous a prié de vous rendre au sein de l'assemblée, on ne vous y a point traîné de force; on vous a proposé de vous bander les yeux, vous avez accepté. Quand vous avez accédé à cette double demande, vous saviez parfaitement que nous ne nous occupions pas d'assurer le trône de Louis XVIII, sans quoi nous n'eussions pas pris tant de soin de nous cacher à la police. Maintenant, vous le comprenez, il serait trop commode de mettre un masque à l'aide duquel on surprend le secret des gens, et de n'avoir ensuite qu'à ôter ce masque pour perdre ceux qui se sont fiés à vous. Non, non, vous allez d'abord dire franchement si vous êtes pour le roi de hasard qui règne en ce moment, ou pour S. M. l'Empereur.

« — Je suis royaliste, répondit le général ; j'ai fait serment à Louis XVIII, je tiendrai mon serment.

« Ces mots furent suivis d'un murmure général, et l'on put voir, par les regards d'un grand nombre des membres du club, qu'ils agitaient la question de faire repentir M. d'Epinay de ces imprudentes paroles.

« Le président se leva de nouveau et imposa silence.

« — Monsieur, lui dit-il, vous êtes un homme trop grave et trop sensé pour ne pas comprendre les conséquences de la situation où nous nous trouvons les uns en face des autres, et votre franchise même nous dicte les conditions qu'il nous reste à vous faire : vous allez donc jurer sur l'honneur de ne rien révéler de ce que vous avez entendu.

« Le général porta la main à son épée et s'écria :

« — Si vous parlez d'honneur, com--mencez par ne pas méconnaître ses lois, et n'imposez rien par la violence.

« — Et vous, Monsieur, continua le président avec un calme plus terrible peut-être que la colère du général, ne touchez pas à votre épée, c'est un conseil que je vous donne.

« Le général tourna autour de lui des regards qui décelaient un commencement d'inquiétude.

« Cependant il ne fléchit pas encore ; au contraire, rappelant toute sa force :

« — Je ne jurerai pas, dit-il.

« — Alors, Monsieur, vous mourrez, répondit tranquillement le président.

« M. d'Epinay devint fort pâle : il regarda une seconde fois tout autour de lui; plusieurs membres du club chuchotaient et cherchaient des armes sous leurs manteaux.

« — Général, dit le président, soyez tranquille ; vous êtes parmi des gens d'honneur qui essaieront de tous les moyens de vous convaincre avant de se porter contre vous à la dernière extrémité ; mais aussi vous l'avez dit, vous êtes parmi des conspirateurs, vous tenez notre secret, il faut nous le rendre.

« Un silence plein de signification suivit ces paroles, et comme le général ne répondait rien :

« — Fermez les portes, dit le président aux huissiers.

« Le même silence de mort succéda à ces paroles.

« Alors le général s'avança, et faisant un violent effort sur lui-même :

« — J'ai un fils, dit-il, et je dois songer à lui en me trouvant parmi des assassins.

« — Général, dit avec noblesse le chef de l'assemblée, un seul homme a toujours le droit d'en insulter cinquante; c'est le privilège de la faiblesse. Seulement, il a tort d'user de ce droit. Croyez-moi, général, jurez et ne nous insultez pas.

« Le général, encore une fois dompté par cette supériorité du chef de l'assemblée, hésita un instant; mais enfin, s'avançant jusqu'au bureau du président.

« — Quelle est la formule? demanda-t-il.

« — La voici :

« Je jure sur l'honneur de ne jamais
« révéler à qui que ce soit au monde ce
« que j'ai vu et entendu, le 5 février 1815,
« entre neuf et dix heures du soir, et je
« déclare mériter la mort si je viole mon
« serment. »

« Le général parut éprouver un frémissement nerveux qui l'empêcha de répondre pendant quelques secondes ; enfin, surmontant une répugnance manifeste, il prononça le serment exigé, mais d'une voix si basse qu'à peine si on l'entendit ; aussi plusieurs membres exigèrent-ils qu'il le répétât à voix plus haute et plus distincte, ce qui fut fait.

« — Maintenant, je désire me retirer, dit le général, suis-je enfin libre ?

« Le président se leva, désigna trois

membres de l'assemblée pour l'accompagner, et monta en voiture avec le général, après lui avoir bandé les yeux.

« Au nombre de ces trois membres était le cocher qui les avait amenés.

« Les autres membres du club se séparèrent en silence.

« — Où voulez-vous que nous vous reconduisions? demanda le président.

« — Partout où je pourrai être délivré de votre présence, répondit M. d'Épinay.

« — Monsieur, reprit alors le président, prenez garde, vous n'êtes plus ici dans l'assemblée, vous n'avez plus affaire qu'à des hommes isolés; ne les insultez pas si vous ne voulez pas être rendu responsable de l'insulte.

« Mais au lieu de comprendre ce langage, M. d'Épinay répondit :

« — Vous êtes toujours aussi brave dans votre voiture que dans votre club ; par la raison, Monsieur, que quatre hommes sont toujours plus forts qu'un seul.

« Le président fit arrêter la voiture.

« On était juste à l'endroit du quai des Ormes où se trouve l'escalier qui descend à la rivière.

« — Pourquoi faites-vous arrêter ici ? demanda le général d'Épinay.

« — Parce que, Monsieur, dit le président, vous avez insulté un homme, et que cet homme ne veut pas faire un pas de plus sans vous demander loyalement réparation.

« — Encore une manière d'assassiner ! dit le général en haussant les épaules.

« — Pas de bruit, Monsieur, répondit le président, si vous ne voulez pas que je vous regarde vous-même comme un de ces hommes que vous désigniez tout-à-l'heure, c'est-à-dire comme un lâche qui prend sa faiblesse pour bouclier. Vous êtes seul, un seul vous répondra; vous avez une épée au côté, j'en ai une dans cette canne; vous n'avez pas de témoin, un de ces messieurs sera le vôtre. Maintenant, si cela vous convient, vous pouvez ôtez votre bandeau.

« Le général arracha à l'instant même le mouchoir qu'il avait sur les yeux.

« — Enfin, dit-il, je vais donc savoir à qui j'ai affaire.

« On ouvrit la voiture : les quatre hommes descendirent... »

Franz s'interrompit encore une fois. Il essuya une sueur froide qui coulait sur son front ; il y avait quelque chose d'effrayant à voir le fils tremblant et pâle, lisant tout haut les détails ignorés jusqu'alors de la mort de son père.

Valentine joignait les mains comme si elle eût été en prière.

Noirtier regardait Villefort avec une

expression presque sublime de mépris et d'orgueil.

Franz continua :

« On était, comme nous l'avons dit, au 5 février. Depuis trois jours il gelait à cinq ou six degrés ; l'escalier était tout raide de glaçons ; le général était gros et grand, le président lui offrit le côté de la rampe pour descendre.

« Les deux témoins suivaient par derrière.

« Il faisait une nuit sombre, le terrain de l'escalier à la rivière était humide de neige et de givre, on voyait l'eau s'écouler, noire, profonde et charriant quelques glaçons.

« Un des témoins alla chercher une

lanterne dans un bateau à charbon, et à la lueur de cette lanterne on examina les armes.

« L'épée du président, qui était simplement comme il l'avait dit une épée qu'il portait dans une canne, était plus courte de cinq pouces que celle de son adversaire, et n'avait pas de garde.

« Le général d'Épinay proposa de tirer au sort les deux épées : mais le président répondit que c'était lui qui avait provoqué, et qu'en provoquant il avait prétendu que chacun se servît de ses armes.

« Les témoins essayèrent d'insister, le président leur imposa silence.

« On posa la lanterne à terre : les deux

adversaires se mirent de chaque côté; le combat commença.

« La lumière faisait des deux épées deux éclairs. Quant aux hommes, à peine si on les apercevait, tant l'ombre était épaisse.

« M. le général d'Épinay passait pour une des meilleures lames de l'armée. Mais il fut pressé si vivement dès les premières bottes, qu'il rompit; en rompant, il tomba.

« Les témoins le crurent tué; mais son adversaire, qui savait ne l'avoir point touché, lui offrit la main pour l'aider à se relever. Cette circonstance, au lieu de le calmer, irrita le général, qui fondit à son tour sur son adversaire.

« Mais son adversaire ne rompit pas d'une semelle. Le recevant sur son épée, trois fois le général recula, se trouvant trop engagé, et revint à la charge.

« A la troisième fois, il tomba encore.

« On crut qu'il glissait comme la première fois ; cependant les témoins, voyant qu'il ne se relevait pas, s'approchèrent de lui et tentèrent de le remettre sur ses pieds ; mais celui qui l'avait pris à bras-le-corps sentit sous sa main une chaleur humide.

« C'était du sang.

« Le général, qui était à peu près évanoui, reprit ses sens.

« — Ah ! dit-il, on m'a dépêché quelque spadassin, quelque maître d'armes de régiment.

« Le président, sans répondre, s'approcha de celui des deux témoins qui tenait la lanterne, et, relevant sa manche, il montra son bras percé de deux coups d'épée ; puis, ouvrant son habit et déboutonnant son gilet, il fit voir son flanc entamé par une troisième blessure.

« Cependant, il n'avait pas même poussé un soupir.

« Le général d'Epinay entra en agonie et expira cinq minutes après... »

Franz lut ces derniers mots d'une voix si étranglée, qu'à peine on put les entendre, et après les avoir lus il s'arrêta, passant sa main sur ses yeux comme pour en chasser un nuage.

Mais après un instant de silence il continua :

« Le président remonta l'escalier, après avoir repoussé son épée dans sa canne ; une trace de sang marquait son chemin sur la neige. Il n'était pas encore au haut de l'escalier, qu'il entendit un claplotement sourd dans l'eau : c'était le corps du général que les témoins venaient de précipiter dans la rivière après avoir constaté la mort.

« Le général a donc succombé dans un duel loyal, et non dans un guet-apens, comme on pourrait le dire.

« En foi de quoi nous avons signé le

présent pour établir la vérité des faits, de peur qu'un moment n'arrive où quelqu'un des acteurs de cette scène terrible ne se trouve accusé de meurtre avec préméditation ou de forfaiture aux lois de l'honneur.

« *Signé* : Beauregard, Duchampy et Lecharpal. »

Quand Franz eut terminé cette lecture si terrible pour un fils, quand Valentine, pâle d'émotion, eut essuyé une larme, quand Villefort, tremblant et blotti dans un coin, eut essayé de conjurer l'orage par des regards suppliants adressés au vieillard implacable :

— Monsieur, dit d'Epinay à Noirtier, puisque vous connaissez cette terrible histoire dans tous ses détails, puisque vous l'avez fait attester par des signatures honorables, puisqu'enfin vous semblez vous intéresser à moi, quoique votre intérêt ne se soit encore révélé que par la douleur, ne me refusez pas une dernière satisfaction, dites-moi le nom du président du club, que je connaisse enfin celui qui a tué mon pauvre père.

Villefort chercha, comme égaré, le bouton de la porte; Valentine, qui avait compris avant tout le monde la réponse du vieillard, et qui souvent avait remarqué sur son avant-bras la trace de deux coups d'épée, recula d'un pas en arrière.

— Au nom du ciel! Mademoiselle, dit Franz, s'adressant à sa fiancée, joignez-vous à moi, que je sache le nom de cet homme qui m'a fait orphelin à deux ans!

Valentine resta immobile et muette.

— Tenez, Monsieur, dit Villefort, croyez-moi, ne prolongez pas cette horrible scène; les noms d'ailleurs ont été cachés à dessein. Mon père lui-même ne connaît pas ce président, et, s'il le connaît, il ne saurait le dire, les noms propres ne se trouvent pas dans le dictionnaire.

— Oh! malheur! s'écria Franz, le seul espoir qui m'a soutenu pendant toute cette lecture et qui m'a donné la force d'aller jusqu'au bout, c'était de connaître au moins le nom de celui qui a tué mon père! Monsieur! Monsieur! s'écria-t-il, en se retournant vers Noirtier, au nom du ciel! faites ce que vous pourrez... arrivez, je vous en supplie, à m'indiquer, à me faire comprendre.....

— Oui, répondit Noirtier.

— Oh! Mademoiselle! Mademoiselle! s'écria Franz, votre père a fait signe qu'il pouvait m'indiquer... cet homme... Aidez-moi... vous le comprenez... prêtez-moi votre concours.

Noirtier regarda le dictionnaire.

Franz le prit avec un tremblement nerveux, et prononça successivement les lettres de l'alphabet jusqu'à l'M.

A cette lettre, le vieillard fit signe que oui.

— M? répéta Franz.

Le doigt du jeune homme glissa sur les mots, mais à tous les mots Noirtier répondait par un signe négatif.

Valentine cachait sa tête entre ses mains.

Enfin Franz arriva au mot MOI.

— Oui! fit le vieillard.

— Vous! s'écria Franz, dont les cheveux se dressèrent sur sa tête; vous, monsieur Noirtier, c'est vous qui avez tué mon père?

— Oui, répondit Noirtier, en fixant sur le jeune homme un majestueux regard.

Franz tomba sans force sur un fauteuil.

Villefort ouvrit la porte et s'enfuit, car l'idée lui venait d'étouffer ce peu d'existence qui restait encore dans le cœur du terrible vieillard.

CHAPITRE II.

LES PROGRÈS DE M. CAVALCANTI FILS.

Cependant M. Cavalcanti père était parti pour aller reprendre son service, non pas dans l'armée de S. M. l'empereur d'Autriche, mais à la roulette des bains de Lucques dont il était un des plus assidus courtisans.

Il va sans dire qu'il avait emporté avec la plus scrupuleuse exactitude jusqu'au dernier paul de la somme qui lui avait été allouée pour son voyage, et pour la récompense de la façon majestueuse et solennelle avec laquelle il avait joué son rôle de père.

M. Andrea avait hérité à ce départ de tous les papiers qui constataient qu'il avait bien l'honneur d'être le fils du marquis Bartholomeo et de la marquise Leonora Corsinari.

Il était donc à peu près ancré dans cette société parisienne, si facile à recevoir les étrangers, et à les traiter non pas d'après ce qu'ils sont, mais d'après ce qu'ils veulent être.

D'ailleurs, que demande-t-on à un

jeune homme à Paris? de parler à peu près sa langue, d'être habillé convenablement, d'être beau joueur et de payer en or.

Il va sans dire qu'on est moins difficile encore pous un étranger que pour un Parisien.

Andrea avait donc pris en une quinzaine de jours une assez bonne position; on l'appelait M. le comte, on disait qu'il avait cinquante mille livres de rentes, et on parlait des trésors immenses de monsieur son père, enfouis, dit-on, dans les carrières de Saravezza.

Un savant, devant qui on mentionnait cette dernière circonstance comme un fait, déclara avoir vu les carrières dont il était question, ce qui donna un grand poids à des assertions jusqu'alors flottantes à l'état de doute, et qui dès lors prirent la consistance de la réalité.

On en était là dans ce cercle de la société parisienne où nous avons introduit nos lecteurs, lorsque Monte-Christo vint un soir faire visite à M. Danglars. M. Danglars était sorti, mais on proposa au comte de l'introduire près de la baronne, qui était visible, ce qu'il accepta.

Ce n'était jamais sans une espèce de tressaillement nerveux que depuis le dîner d'Auteuil et les évènements qui en avaient été la suite, madame Danglars entendait prononcer le nom de Monte-Christo. Si la présence du comte ne suivait pas le bruit de son nom, la sensation douloureuse devenait plus intense ; si au contraire le comte paraissait, sa figure ouverte, ses yeux brillants, son amabilité, sa galanterie même pour madame Danglars chassaient bientôt jusqu'à la dernière impression de crainte; il paraissait à la baronne impossible qu'un homme si charmant à la surface pût nourrir contre elle de mauvais desseins; d'ailleurs, les cœurs les plus corrompus ne peuvent croire au mal qu'en le faisant reposer sur un intérêt quelconque; le mal inutile et sans cause répugne comme une anomalie.

Lorsque Monte-Christo entra dans le boudoir où nous avons déjà une fois introduit nos lecteurs, et où la baronne suivait d'un œil assez inquiet des dessins que lui passait sa fille après les avoir regardés avec M. Cavalcanti fils, sa présence produisit son effet ordinaire, et ce fut en souriant, qu'après avoir été quelque peu bouleversée par son nom, la baronne reçut le comte.

Celui-ci, de son côté, embrassa toute la scène d'un coup-d'œil.

Près de la baronne, à peu près couchée sur une causeuse, Eugénie se tenait assise, et Cavalcanti debout.

Calvacanti, habillé de noir comme un héros de Goëthe, en souliers vernis et en bas de soie blancs à jour, passait une main assez blanche et assez soignée dans ses cheveux blonds, au milieu desquels scintillait un diamant que, malgré les conseils de Monte-Christo, le vaniteux jeune homme n'avait pu résister au désir de se passer au petit doigt.

Ce mouvement était accompagné de regards assassins lancés sur mademoiselle Danglars, et de soupirs envoyés à la même adresse que les regards.

Mademoiselle Danglars était toujours la même, c'est-à-dire belle, froide et railleuse. Pas un de ces regards, pas un de ces soupirs d'Andrea ne lui échappaient ; on eût dit qu'ils glissaient sur la cuirasse de Minerve, cuirasse que quelques philosophes prétendent recouvrir parfois la poitrine de Sapho.

Eugénie salua froidement le comte, et profita des premières préoccupations de la conversation pour se retirer dans son salon d'études, d'où bientôt deux voix s'exhalant rieuses et bruyantes, mêlées aux premiers accords d'un piano, firent savoir à Monte-Christo que mademoiselle Danglars venait de préférer à la sienne et à celle de M. Cavalcanti, la société de mademoiselle Louise d'Armilly, sa maîtresse de chant.

Ce fut alors surtout que, tout en causant avec madame Danglars et en paraissant absorbé par le charme de la conversation, le comte remarqua la sollicitude de M. Andrea Cavalcanti, sa manière d'aller écouter la musique à la porte qu'il n'osait franchir, et de manifester son admiration.

Bientôt le banquier rentra. Son premier regard fut pour Monte-Christo, c'est vrai, mais le second fut pour Andrea.

Quant à sa femme, il la salua à la

façon dont certains maris saluent leur femme, et dont les célibataires ne pourront se faire une idée que lorsqu'on aura publié un code très-étendu de la conjugalité.

— Est-ce que ces demoiselles ne vous ont pas invité à faire de la musique avec elles ? demanda Danglars à Andrea.

— Hélas! non, Monsieur, répondit Andrea avec un soupir plus remarquable encore que les autres.

Danglars s'avança aussitôt vers la porte de communication et l'ouvrit.

On vit alors les deux jeunes filles assises sur le même siège devant le même piano. Elles accompagnaient chacune d'une main, exercice auquel elles s'étaient habituées par fantaisie, et où elles étaient devenues d'une force remarquable.

Mademoiselle d'Armilly, qu'on apercevait alors, formant, avec Eugénie, grâce au cadre de la porte, un de ces tableaux vivants comme on en fait souvent en Allemagne, était d'une beauté assez remarquable, ou plutôt d'une gentillesse exquise. C'était une petite femme mince et blonde comme une fée, avec de grands cheveux bouclés tombant sur un cou un peu trop long, comme Pérugin en donne parfois à ses vierges, et des yeux voilés par la fatigue. On disait qu'elle avait la poitrine faible, et que, comme Antonia du *Violon de Crémone*, elle mourrait un jour en chantant.

Monte-Christo plongea dans ce gynécée un regard rapide et curieux ; c'était la première fois qu'il voyait mademoiselle d'Armilly, dont si souvent il avait entendu parler dans la maison.

— Eh bien ! demanda le banquier à sa fille, nous sommes donc exclus, nous autres ?

Alors il mena le jeune homme dans le petit salon, et, soit hasard, soit adresse, derrière Andrea la porte fut repoussée de manière à ce que de l'endroit où ils étaient assis, Monte-Christo et la baronne ne pussent plus rien voir ; mais comme le banquier avait suivi Andrea, madame Danglars ne parut pas même remarquer cette circonstance.

Bientôt après, le comte entendit la voix d'Andrea résonner aux accords du piano, accompagnant une chanson corse.

Pendant que le comte écoutait en souriant cette chanson qui lui faisait oublier Andrea pour lui rappeler Benedetto, madame Danglars vantait à Monte-Christo la force d'ame de son mari, qui le matin encore avait, dans un faillite milanaise, perdu trois ou quatre cent mille francs.

Et en effet l'éloge était mérité; car, si le comte ne l'eût su par la baronne ou peut-être par un des moyens qu'il avait de tout savoir, la figure du baron ne lui en eût pas dit un mot.

— Bon! pensa Monte-Christo, il en est déjà à cacher ce qu'il perd, il y a un mois il s'en vantait.

Puis, tout haut :

— Oh! Madame, dit le comte, M. Danglars connaît si bien la Bourse, qu'il rattrapera toujours là ce qu'il pourra perdre ailleurs.

— Je vois que vous partagez l'erreur commune, dit madame Danglars.

— Et quelle est cette erreur ? dit Monte-Christo.

— C'est que M. Danglars joue, tandis qu'au contraire il ne joue jamais.

—Ah ! oui, c'est vrai, Madame, je me rappelle que M. Debray m'a dit... A propos, mais que devient donc M. Debray ? Il y a trois ou quatre jours que je ne l'ai aperçu.

— Et moi aussi, dit madame Danglars avec un aplomb miraculeux. Mais vous avez commencé une phrase qui est restée inachevée.

— Laquelle?

— M. Debray vous a dit, prétendiez-vous...

— Ah! c'est vrai; M. Debray m'a dit que c'était vous qui sacrifiiez au démon du jeu.

— J'ai eu ce goût pendant quelque temps, je l'avoue, dit madame Danglas, mais je ne l'ai plus.

— Et vous avez tort, Madame. Eh! mon Dieu, les chances de la fortune sont précaires, et si j'étais femme, et que le hasard eût fait de cette femme celle d'un banquier, quelque confiance que j'aie dans le bonheur de mon mari; car en spéculation, vous le savez, tout est heur et malheur; eh bien! dis-je, quelque confiance que j'aie dans le bonheur de mon mari, je commencerais toujours par m'assurer une fortune indépendante, dussé-je acquérir cette fortune en mettant mes intérêts dans des mains qui lui seraient inconnues.

Madame Danglars rougit malgré elle.

— Tenez, dit Monte-Christo, comme s'il n'avait rien vu, on parle d'un beau coup qui a été fait hier sur les bons de Naples.

— Je n'en ai pas, dit vivement la baronne, et n'en ai même jamais eu ; mais, en vérité, c'est assez parler Bourse comme cela, monsieur le comte, nous avons l'air de deux agents de change ; parlons un peu de ces pauvres Villefort, si tourmentés en ce moment par la fatalité.

— Que leur arrive-t-il donc ? demanda Monte-Christo avec une parfaite naïveté.

— Mais, vous le savez ; après avoir perdu M. de Saint-Méran trois ou quatre jours après son départ, ils viennent de perdre la marquise trois ou quatre jours après son arrivée.

— Ah ! c'est vrai, dit Monte-Christo, j'ai appris cela ; mais, comme dit Claudius à Hamlet, c'est une loi de la nature : leurs pères étaient morts avant eux, et ils les avaient pleurés ; ils mourront avant leurs fils, et leurs fils les pleureront.

— Mais ce n'est pas le tout.

— Comment ce n'est pas le tout !

— Non ; vous savez qu'ils allaient marier leur fille....

— A M. Franz d'Epinay... Est-ce que le mariage est manqué ?

— Hier matin, à ce qu'il paraît, Franz leur a rendu leur parole.

— Ah ! vraiment... Et connaît-on les causes de cette rupture ?

— Non.

— Que m'annoncez-vous là, bon Dieu! Madame... Et M. de Villefort, comment accepte-t-il tous ces malheurs?

— Comme toujours, en philosophe.

En ce moment, Danglars rentra seul.

— Eh bien! dit la baronne, vous laissez M. Cavalcanti avec votre fille?

— Et mademoiselle d'Armilly, dit le banquier, pour qui la prenez-vous donc?

Puis, se retournant vers Monte-Christo :

— Charmant jeune homme, n'est-ce pas, monsieur le comte, que le prince Cavalcanti?.... Seulement, est-il bien prince?

— Je n'en réponds pas, dit Monte-Christo. On m'a présenté son père comme marquis; il serait comte; mais je crois que lui-même n'a pas grande prétention à ce titre.

— Pourquoi? dit le banquier. S'il est prince, il a tort de ne pas s'en vanter. Chacun son droit. Je n'aime pas qu'on renie son origine, moi.

— Oh! vous êtes un démocrate pur, dit Monte-Christo en souriant.

— Mais, voyez, dit la baronne, à quoi vous vous exposez; si M. de Morcerf venait par hasard, il trouverait M. Cavalcanti dans une chambre où lui, fiancé d'Eugénie, n'a jamais eu la permission d'entrer.

— Vous faites bien de dire par hasard, reprit le banquier, car, en vérité, on dirait, tant on le voit rarement, que c'est effectivement le hasard qui nous l'amène.

— Enfin, s'il venait et qu'il trouvât ce jeune homme près de votre fille, il pourrait être mécontent.

— Lui! oh! mon Dieu! vous vous trompez; M. Albert ne nous fait pas l'honneur d'être jaloux de sa fiancée, il ne l'aime point assez pour cela. D'ailleurs, que m'importe qu'il soit mécontent ou non!

— Cependant, au point où nous en sommes...

— Oui, au point où nous en sommes : voulez-vous le savoir le point où nous en sommes? c'est qu'au bal de sa mère il a dansé une seule fois avec ma fille, que M. Cavalcanti a dansé trois fois avec elle, et qu'il ne l'a pas même remarqué.

— M. le vicomte Albert de Morcerf! annonça le valet de chambre.

La baronne se leva vivement. Elle allait passer au salon d'étude pour avertir sa fille, quand Danglars l'arrêta par le bras.

— Laissez, dit-il.

Elle le regarda étonnée.

Monte-Christo feignit de ne pas avoir vu ce jeu de scène.

Albert entra : il était fort beau et fort

gai. Il salua la baronne avec aisance, Danglars avec familiarité, Monte-Christo avec affection, puis se retournant vers la baronne :

— Voulez-vous me permettre, Madame, lui dit-il, de vous demander comment se porte mademoiselle Danglars?

— Fort bien, Monsieur, répondit vivement Danglars ; elle fait en ce moment de la musique dans son petit salon avec M. Cavalcanti.

Albert conserva son air calme et indifférent : peut-être éprouvait-il quelque dépit intérieur; mais il sentait le regard de Monte-Christo fixé sur lui.

— M. Cavalcanti a une très-belle voix de ténor, dit-il, et mademoiselle Eugénie un magnifique soprano, sans compter qu'elle joue du piano comme Thalberg. Ce doit être un charmant concert.

— Le fait est, dit Danglars, qu'ils s'accordent à merveille.

Albert parut n'avoir pas remarqué cette équivoque, si grossière, cependant, que madame Danglars en rougit.

— Moi aussi, continua le jeune homme, je suis musicien, à ce que disaient mes maîtres, du moins; eh bien! chose étrange, je n'ai jamais pu encore accorder ma voix avec aucune voix, et avec les voix de soprano surtout encore moins qu'avec les autres.

Danglars fit un petit sourire qui signifiait :

— Mais fâche-toi donc! Aussi, dit-il, espérant sans doute arriver au but qu'il désirait, le prince et ma fille ont-ils fait hier l'admiration générale. N'étiez-vous pas là hier, monsieur de Morcerf?

— Quel prince? demanda Albert.

— Le prince Cavalcanti, reprit Danglars, qui s'obstinait toujours à donner ce titre au jeune homme.

— Ah! pardon, dit Albert, j'ignorais qu'il fût prince. Ah! le prince Cavalcanti a chanté hier avec mademoiselle Eugénie! En vérité, ce devait être ravissant, et je regrette bien vivement de ne pas avoir entendu cela. Mais je n'ai pu me rendre à votre invitation, j'étais forcé d'accompagner madame de Morcerf chez la baronne de Château-Renaud la mère, où chantaient les Allemands.

Puis, après un silence, et comme s'il n'eût été question de rien.

— Me sera-t-il permis, répéta Morcerf, de présenter mes hommages à mademoiselle Danglars ?

— Oh ! attendez, attendez, je vous en supplie, dit le banquier en arrêtant le jeune homme ; entendez-vous la délicieuse cavatine, ta, ta, ta, ti, ta, ti, ta, ta ; c'est ravissant, cela va être fini... une seule seconde, parfait ! Bravo ! bravi ! brava !

Et le banquier se mit à applaudir avec frénésie.

— En effet, dit Albert, c'est exquis, et il est impossible de mieux comprendre la musique de son pays que ne le fait le prince Cavalcanti. Vous avez dit prince, n'est-ce pas? D'ailleurs, s'il n'est pas prince, on le fera prince, c'est facile en Italie. Mais, pour en revenir à nos adorables chanteurs, vous devriez nous faire un plaisir, monsieur Danglars : sans la prévenir qu'il y a là un étranger, vous devriez prier mademoiselle Danglars et M. Cavalcanti de commencer un autre morceau. C'est une chose si délicieuse que de jouir de la musique d'un peu loin, dans une pénombre, sans être vu, sans voir, et par conséquent sans gêner le musicien, qui peut ainsi se livrer à tout l'instinct de son génie ou à tout l'élan de son cœur.

Cette fois, Danglars fut démonté par le flegme du jeune homme.

Il prit Monte-Christo à part.

— Eh bien! lui dit-il, que dites-vous de notre amoureux?

— Dame! il me paraît froid, c'est incontestable; mais que voulez-vous? vous êtes engagé!

— Sans doute, je suis engagé, mais à donner à ma fille un homme qui l'aime, et non un homme qui ne l'aime pas. Voyez celui-ci, froid comme un marbre, orgueilleux comme son père; s'il était riche encore, s'il avait la fortune des Cavalcanti, on passerait par là-dessus. Ma foi, je n'ai pas consulté ma fille; mais si elle avait bon goût...

— Oh! dit Monte-Christo, je ne sais si c'est mon amitié pour lui qui m'aveugle, mais je vous assure, moi, que M. de Morcerf est un jeune homme charmant, qui rendra votre fille heureuse, et qui arrivera tôt ou tard à quelque chose; car enfin la position de son père est excellente.

— Hum! fit Danglars.

— Pourquoi ce doute?

— Il y a toujours le passé.... ce passé obscur.

— Mais le passé du père ne regarde pas le fils.

— Si fait! si fait!

— Voyons, ne vous montez pas la tête ; il y a un mois, vous trouviez excellent de faire ce mariage .... Vous comprenez, moi, je suis désespéré, c'est chez moi que vous avez vu ce jeune Cavalcanti, que je ne connais pas, je vous le répète.

— Je le connais, moi, dit Danglars, cela suffit.

— Vous le connaissez ? Avez-vous donc pris des renseignements sur lui ? demanda Monte-Christo.

— Est-il besoin de cela, et à la première vue ne sait-on pas à qui on a affaire ? Il est riche d'abord.

— Je ne l'assure pas.

— Vous répondez pour lui cependant ?

— De cinquante mille livres, d'une misère.

— Il a une éducation distinguée.

— Hum! fit à son tour Monte-Christo.

— Il est musicien.

— Tous les Italiens le sont.

— Tenez, comte, vous n'êtes pas juste pour ce jeune homme.

— Eh bien! oui, je l'avoue, je vois avec peine que, connaissant vos engagements avec les Morcerf, il vienne ainsi se jeter en travers et abuser de sa fortune.

Danglars se mit à rire.

— Oh! que vous êtes puritain! dit-il; mais cela se fait tous les jours dans le monde.

— Vous ne pouvez cependant rompre ainsi, mon cher monsieur Danglars; les Morcerf comptent sur ce mariage.

— Y comptent-ils?

— Positivement.

— Alors qu'ils s'expliquent. Vous devriez glisser deux mots de cela au père, mon cher comte, vous qui êtes si bien dans la maison.

— Moi! et où diable avez-vous vu cela?

— Mais à leur bal, ce me semble. Comment! la comtesse, la fière Mercédès, la dédaigneuse Catalane, qui daigne à peine ouvrir la bouche à ses plus vieilles connaissances, vous a pris par le bras, est sortie avec vous dans le jardin, a pris les petites allées et n'a reparu qu'une demi-heure après.

— Ah! baron, baron, dit Albert, vous nous empêchez d'entendre; pour un mélomane comme vous, quelle barbarie!

— C'est bien, c'est bien, monsieur le railleur, dit Danglars.

Puis se retournant vers Monte-Christo:

— Vous chargez-vous de lui dire cela, au père?

— Volontiers, si vous le désirez.

— Mais que pour cette fois cela se fasse d'une manière explicite et définitive ; surtout qu'il me demande ma fille, qu'il fixe une époque, qu'il déclare ses conditions d'argent, enfin que l'on s'entende ou qu'on se brouille ; mais, vous comprenez, plus de délais.

— Eh bien ! la démarche sera faite.

— Je ne vous dirai pas que je l'attends avec plaisir, mais enfin je l'attends : un banquier, vous le savez, doit être esclave de sa parole.

Et Danglars poussa un de ces soupirs que poussait Cavalcanti fils une demi-heure auparavant.

— Bravi ! bravo ! brava ! cria Morcerf,

parodiant le banquier et applaudissant la fin du morceau.

Danglars commençait à regarder Albert de travers, lorsqu'on vint lui dire deux mots tout bas.

— Je reviens, dit le banquier à Monte-Christo, attendez-moi, j'aurai peut-être quelque chose à vous dire tout-à-l'heure.

Et il sortit.

La baronne profita de l'absence de son mari pour repousser la porte du salon d'étude de sa fille, et l'on vit se dresser comme un ressort M. Andrea qui était assis devant le piano avec mademoiselle Eugénie.

Albert salua en souriant mademoiselle

Danglars, qui, sans paraître aucunement troublée, lui rendit un salut aussi froid que d'habitude.

Cavalcanti parut évidemment embarrassé ; il salua Morcerf, qui lui rendit son salut de l'air le plus impertinent du monde.

Alors Albert commença de se confondre en éloges sur la voix de mademoiselle Danglars, et sur le regret qu'il éprouvait, d'après ce qu'il venait d'entendre, de n'avoir pas assisté à la soirée de la veille.

Cavalcanti, laissé à lui-même, prit à part Monte-Christo.

— Voyons, dit madame Danglars, assez de musique et de compliments comme cela, venez prendre le thé.

— Viens, Louise, dit mademoiselle Danglars à son amie.

On passa dans le salon voisin, où effectivement le thé était préparé.

Au moment où l'on commençait à laisser, à la manière anglaise, les cuillers dans les tasses, la porte se rouvrit, et Danglars reparut, visiblement fort agité.

Monte-Christo surtout remarqua cette agitation et interrogea le banquier du regard.

— Eh bien! dit Danglars, je viens de recevoir mon courrier de Grèce.

— Ah! ah! fit le comte, c'est pour cela qu'on vous avait appelé?

— Oui.

— Comment se porte le roi Othon? demanda Albert du ton le plus enjoué.

Danglars le regarda de travers sans lui répondre, et Monte-Christo se détourna pour cacher l'expression de pitié qui venait de paraître sur son visage et qui s'effaça presque aussitôt.

— Nous nous en irons ensemble, n'est-ce pas? dit Albert au comte.

— Oui, si vous voulez, répondit celui-ci.

Albert ne pouvait rien comprendre à ce

regard du banquier ; aussi, se retournant vers Monte-Christo qui avait parfaitement compris :

— Avez-vous vu, dit-il, comme il m'a regardé ?

— Oui, répondit le comte ; mais trouvez-vous quelque chose de particulier dans son regard ?

— Je le crois bien ; mais que veut-il dire avec ses nouvelles de Grèce ?

— Comment voulez-vous que je sache cela ?

— Parce qu'à ce que je présume, vous avez des intelligences dans le pays !

Monte-Christo sourit comme on sourit

toujours quand on veut se dispenser de répondre.

— Tenez, dit Albert, le voilà qui s'approche de vous ; je vais faire compliment à mademoiselle Danglars sur son camée; pendant ce temps, le père aura le temps de vous parler.

— Si vous lui faites compliment, faites-lui compliment sur sa voix, au moins, dit Monte-Christo.

— Non pas, c'est ce que ferait tout le monde.

—Mon cher vicomte, dit Monte-Christo, vous avez la fatuité de l'impertinence.

Albert s'avança vers Eugénie le sourire sur les lèvres.

Pendant ce temps, Danglars se pencha à l'oreille du comte.

— Vous m'avez donné un excellent conseil, dit-il, et il y a tout une histoire horrible sur ces deux mots : Fernand et Janina.

— Ah bah ! fit Monte-Christo.

— Oui, je vous conterai cela; mais emmenez le jeune homme : je serais trop embarrassé de rester maintenant avec lui.

— C'est ce que je fais, il m'accompagne; maintenant, faut-il toujours que je vous envoie le père.

— Plus que jamais.

— Bien.

Le comte fit un signe à Albert.

Tous deux saluèrent les dames et sortirent : Albert avec un air parfaitement indifférent pour les mépris de mademoiselle Danglars; Monte-Christo, en réitérant à madame Danglars ses conseils sur la prudence que doit avoir une femme de banquier d'assurer son avenir.

M. Cavalcanti demeura maître du champ de bataille.

CHAPITRE III.

HAYDÉE.

A peine les chevaux du comte avaient-ils tourné l'angle du boulevart, qu'Albert se retourna vers le comte en éclatant d'un rire trop bruyant pour ne pas être un peu forcé.

— Eh bien ! lui dit-il, je vous demanderai, comme le roi Charles IX demandait à Catherine de Médicis après la Saint-Barthélemy : comment trouvez-vous que j'ai joué mon petit rôlet ?

— A quel propos ? demanda Monte-Christo.

— Mais à propos de l'installation de mon rival chez M. Danglars....

— Quel rival ?

— Pardieu, quel rival ! votre protégé, M. Andréa Cavalcanti !

— Oh ! pas de mauvaises plaisanteries, vicomte; je ne protège nullement M. Andréa, du moins près de M. Danglars.

— Et c'est le reproche que je vous ferais si le jeune homme avait besoin de protection. Mais, heureusement pour moi, il peut s'en passer.

— Comment ! vous croyez qu'il fait sa cour ?

— Je vous en réponds : il roule des yeux de soupirant et module des sons d'amoureux ; il aspire à la main de la fière Eugénie. Tiens ! je viens de faire un vers ! Parole d'honneur, ce n'est pas de ma faute ! N'importe, je le répète : il aspire à la main de la fière Eugénie.

— Qu'importe, si l'on ne pense qu'à vous !

— Ne dites pas cela, mon cher comte, on me rudoie des deux côtés.

— Comment ! des deux côtés ?

— Sans doute : mademoiselle Eugénie m'a répondu à peine, et mademoiselle d'Armilly, sa confidente, ne m'a pas répondu du tout.

— Oui, mais le père vous adore, dit Monte-Christo.

— Lui ? mais au contraire, il m'a enfoncé mille poignards dans le cœur ; poignards rentrant dans le manche, il est vrai, poignards de tragédie, mais qu'il croyait bel et bien réels.

— La jalousie indique l'affection.

— Oui, mais moi je ne suis pas jaloux.

— Il l'est, lui !

— De qui ? de Debray ?

— Non, de vous.

— De moi ? je gage qu'avant huit jours il m'a fermé la porte au nez.

— Vous vous trompez, mon cher vicomte.

— Une preuve ?

— La voulez-vous ?

— Oui.

— Je suis chargé de prier M. le comte de Morcerf de faire une démarche définitive près du baron.

— Par qui ?

— Par le baron lui-même !

— Oh ! dit Albert avec toute la câlinerie dont il était capable, vous ne ferez pas cela, n'est-ce pas, mon cher comte ?

— Vous vous trompez, Albert, je le ferai, puisque j'ai promis.

— Allons, dit Albert avec un soupir, il paraît que vous tenez absolument à me marier.

— Je tiens à être bien avec tout le monde ; mais, à propos de Debray, je ne le vois plus chez la baronne ?

— Il y a de la brouille.

— Avec Madame ?

— Non, avec Monsieur.

— Il s'est donc aperçu de quelque chose?

— Ah! la bonne plaisanterie!

— Vous croyez qu'il s'en doutait? fit Monte-Christo avec une naïveté charmante.

— Ah çà, mais d'où venez-vous donc, mon cher comte?

— Du Congo, si vous voulez.

— Ce n'est pas d'assez loin encore.

— Est-ce que je connais vos maris parisiens?

— Eh! mon cher comte, les maris sont

les mêmes partout; du moment où vous avez étudié l'individu dans un pays quelconque, vous connaissez la race.

— Mais alors quelle cause a pu brouiller Danglars et Debray? ils paraissaient si bien s'entendre, dit Monte-Christo avec un renouvellement de naïveté.

— Ah! voilà! nous rentrons dans les mystères d'Isis, et je ne suis pas initié. Quand M. Cavalcanti fils sera de la famille, vous lui demanderez cela.

La voiture s'arrêta.

— Nous voilà arrivés, dit Monte-Christo; il n'est que dix heures et demie, montez donc.

— Bien volontiers.

— Ma voiture vous reconduira.

— Non, merci, mon coupé a dû nous suivre.

— En effet, le voilà, dit Monte-Christo en sautant à terre.

Tous deux entrèrent dans la maison ; le salon était éclairé, ils y entrèrent.

— Vous allez nous faire faire du thé, Baptistin, dit Monte-Christo.

Baptistin sortit sans souffler le mot. Deux secondes après, il reparut avec un plateau tout servi, et qui, comme les collations des pièces féeriques, semblait sortir de terre.

— En vérité, dit Morcerf, ce que j'admire en vous, mon cher comte, ce n'est pas votre richesse, peut-être y a-t-il des gens plus riches que vous; ce n'est pas votre esprit, Beaumarchais n'en avait pas plus, mais il en avait autant; c'est votre manière d'être servi; sans qu'on vous réponde un mot, à la minute, à la seconde, comme si l'on devinait à la manière dont vous sonnez ce que vous désirez avoir, et comme si tout ce que vous désirez avoir était toujours tout prêt.

— Ce que vous dites est un peu vrai. On sait mes habitudes. Par exemple, vous allez voir: ne désirez-vous pas faire quelque chose en buvant votre thé?

— Pardieu! je désire fumer.

Monte-Christo s'approcha du timbre et frappa un coup.

Au bout d'une seconde, une porte particulière s'ouvrit, et Ali parut avec deux chibouques toutes bourrées d'excellent latakié.

— C'est merveilleux, dit Morcerf.

— Mais, non, c'est tout simple, reprit Monte-Christo; Ali sait qu'en prenant le thé ou le café je fume ordinairement : il sait que j'ai demandé le thé, il sait que je suis rentré avec vous, il entend que je l'appelle, il se doute de la cause, et comme il est d'un pays où l'hospitalité s'exerce avec la pipe surtout, au lieu d'une chibouque, il en apporte deux.

— Certainement c'est une explication comme une autre; mais il n'en est pas moins vrai qu'il n'y a que vous... Oh! mais, qu'est-ce que j'entends?

Et Morcerf s'inclina vers la porte par laquelle entraient effectivement des sons correspondant à ceux d'une guitare.

— Ma foi, mon cher vicomte, vous êtes voué à la musique ce soir; vous n'échappez au piano de mademoiselle Danglars que pour tomber dans la guzla d'Haydée.

— Haydée! quelle adorable nom! Il y a donc des femmes qui s'appellent véritablement Haydée autre part que dans les poëmes de lord Byron?

— Certainement; Haydée est un nom fort rare en France, mais assez commun en Albanie et en Epire; c'est comme si vous disiez, par exemple, chasteté, pudeur, innocence; c'est une espèce de nom de baptême, comme disent vos Parisiens.

— Oh! que c'est charmant! dit Albert, comme je voudrais voir nos Françaises s'appeler mademoiselle Bonté, mademoiselle Silence, mademoiselle Charité chrétienne! Dites-donc, si mademoiselle Danglars, au lieu de s'appeler Claire-Marie-Eugénie, comme on la nomme, s'appelait mademoiselle Chasteté-Pudeur-Innocence Danglars, peste! quel effet cela ferait dans une publication de bans!

— Fou! dit le comte; ne plaisantez pas si haut, Haydée pourrait vous entendre.

— Et elle se fâcherait?

— Non pas, dit le comte avec son air hautain.

— Elle est bonne personne ? demanda Albert.

— Ce n'est pas bonté, c'est devoir : une esclave ne se fâche pas contre son maître.

— Allons donc ! ne plaisantez pas vous-même. Est-ce qu'il y a encore des esclaves ?

— Sans doute, puisque Haydée est la mienne.

— En effet, vous ne faites rien et vous n'avez rien comme un autre, vous. Esclave de M. le comte de Monte-Christo ! c'est une position en France. A la façon dont vous remuez l'or, c'est une place qui doit valoir cent mille écus par an.

— Cent mille écus ! la pauvre enfant a

possédé plus que cela; elle est venue au monde couchée sur des trésors près desquels ceux des *Mille et une Nuits* sont bien peu de chose.

— C'est donc vraiment une princesse?

— Vous l'avez dit, et même une des plus grandes de son pays.

— Je m'en étais douté. Mais comment une grande princesse est-elle devenue esclave?

— Comment Denys-le-Tyran est-il devenu maître d'école? Le hasard de la guerre, mon cher vicomte, le caprice de la fortune.

— Et son nom est un secret?

— Pour tout le monde, oui ; mais pas pour vous, mon cher vicomte, qui êtes de mes amis, et qui vous tairez, n'est-ce pas, si vous me promettez de vous taire ?

— Oh! parole d'honneur !

— Vous connaissez l'histoire du pacha de Janina ?

— D'Ali Tebelin? sans doute, puisque c'est à son service que mon père a fait fortune.

— C'est vrai, je l'avais oublié.

— Eh bien! qu'est Haydée à Ali Tebelin ?

— Sa fille, tout simplement.

— Comment, la fille d'Ali-Pacha?

— Et de la belle Vasiliki.

— Et elle est votre esclave?

— Oh! mon Dieu, oui.

— Comment cela?

— Dame! un jour que je passais sur le marché de Constantinople, je l'ai achetée.

— C'est splendide! Avec vous, mon cher comte, on ne vit pas, on rêve. Maintenant, écoutez, c'est bien indiscret ce que je vais vous demander là.

— Dites toujours.

— Mais puisque vous sortez avec elle, puisque vous la conduisez à l'Opéra...

— Après ?

— Je puis bien me risquer à vous demander cela.

— Vous pouvez vous risquer à me tout demander.

— Eh bien ! mon cher comte, présentez-moi à votre princesse.

— Volontiers ; mais à deux conditions.

— Je les accepte d'avance.

— La première, c'est que vous ne confierez jamais à personne cette présentation.

— Très-bien (Morcerf étendit la main). Je le jure.

— La seconde, c'est que vous ne lui direz pas que votre père a servi le sien.

— Je le jure encore.

— A merveille, Vicomte, vous vous rappellerez ces deux serments, n'est-ce pas ?

— Oh! fit Albert.

— Très-bien. Je vous sais homme d'honneur.

Le comte frappa de nouveau sur le timbre; Ali reparut.

— Préviens Haydée, lui dit-il, que je vais aller prendre le café chez elle, et fais-lui comprendre que je demande la *permission* de lui présenter un de mes amis.

Ali s'inclina et sortit.

— Ainsi, c'est convenu, pas de questions directes, cher vicomte. Si vous désirez savoir quelque chose, demandez-le à moi, et je le demanderai à elle.

— C'est convenu.

Ali reparut pour la troisième fois et tint la portière soulevée, pour indiquer à son maître et à Albert qu'ils pouvaient passer.

— Entrons, dit Monte-Christo.

Albert passa une main dans ses cheveux et frisa sa moustache, le comte reprit son chapeau, mit ses gants, et précéda Albert dans l'appartement que gardait, comme une sentinelle avancée, Ali, et que défendaient, comme un poste, les trois femmes de chambre françaises commandées par Myrtho.

Haydée attendait dans la première pièce, qui était le salon, avec de grands yeux dilatés par la surprise; car c'était la première fois qu'un autre homme que Monte-Christo pénétrait jusqu'à elle; elle était assise sur un sofa, dans un angle, les jambes croisées sous elle, et s'était fait, pour ainsi dire, un nid dans les étoffes de soie rayées et brodées, les plus riches de l'Orient. Près d'elle était l'instrument dont les sons l'avaient dénoncée; elle était charmante ainsi.

En apercevant Monte-Christo, elle se souleva avec ce double sourire de fille et d'amante qui n'appartenait qu'à elle ; Monte-Christo alla à elle, et lui tendit sa main, sur laquelle, comme d'habitude, elle appuya ses lèvres.

Albert était resté près de la porte, sous l'empire de cette beauté étrange qu'il voyait pour la première fois, et dont on ne pouvait se faire aucune idée en France.

— Qui m'amènes-tu ? demanda en romaïque la jeune fille à Monte-Christo ; un frère, un ami, une simple connaissance, ou un ennemi ?

— Un ami, dit Monte-Christo dans la même langue.

— Son nom ?

— Le comte Albert, c'est le même que j'ai tiré des mains des bandits à Rome.

— Dans quelle langue veux-tu que je lui parle ?

Monte-Christo se retourna vers Albert :

— Savez-vous le grec moderne ? demanda-t-il au jeune homme.

— Hélas ! dit Albert, pas même le grec ancien, mon cher comte ; jamais Homère et Platon n'ont eu de plus pauvre, et j'oserai presque dire de plus dédaigneux écolier.

— Alors, dit Haydée, prouvant par la demande qu'elle faisait elle-même qu'elle venait d'entendre la question de Monte-Christo et la réponse d'Albert, je parlerai en français ou en italien, si toutefois mon seigneur veut que je parle.

Monte-Christo réfléchit un instant :

— Tu parleras en italien, dit-il.

Puis se tournant vers Albert :

— C'est fâcheux que vous n'entendiez pas le grec moderne ou le grec ancien, qu'Haydée parle tous deux admirablement ; la pauvre enfant va être forcée de vous parler italien, ce qui vous donnera peut-être une fausse idée d'elle.

Il fit un signe à Haydée.

—Sois le bienvenu, ami, qui viens avec

mon seigneur et mon maître, dit la jeune fille en excellent toscan, et avec ce doux accent romain qui fait la langue de Dante aussi sonore que la langue d'Homère ; Ali ! du café et des pipes.

Et Haydée fit de la main signe à Albert de s'approcher, tandis qu'Ali se retirait pour exécuter les ordres de sa jeune maîtresse.

Monte-Christo montra à Albert deux pliants, et chacun alla chercher le sien pour l'approcher d'une espèce de guéridon, dont un narguillé faisait le centre, et que chargeaient des fleurs naturelles, des dessins, des albums de musique.

Ali rentra, apportant le café et les chibouques ; quant à M. Baptistin, cette partie de l'appartement lui était interdite.

Albert repoussa la pipe que lui présentait le Nubien.

— Oh! prenez, prenez, dit Monte-Christo ; Haydée est presque aussi civilisée qu'une Parisienne : le havane lui est désagréable, parce qu'elle n'aime pas les mauvaises odeurs ; mais le tabac d'Orient est un parfum, vous le savez.

Ali sortit.

Les tasses de café étaient toutes préparées ; seulement on avait pour Albert ajouté un sucrier. Monte-Christo et Haydée prenaient la liqueur arabe à la manière des Arabes, c'est-à-dire sans sucre.

Haydée allongea la main et prit du bout de ses petits doigts roses et effilés la tasse de porcelaine du Japon, qu'elle porta à ses lèvres avec le naïf plaisir d'un enfant qui boit ou mange une chose qu'il aime.

En même temps deux femmes entrèrent, portant deux autres plateaux chargés de glaces et de sorbets, qu'elles déposèrent sur deux petites tables destinées à cet usage.

— Mon cher hôte, et vous signora, dit Albert en italien, excusez ma stupéfaction. Je suis tout étourdi, et c'est assez naturel; voici que je retrouve l'Orient, l'Orient véritable, non point malheureusement tel que je l'ai vu, mais tel que je l'ai rêvé, au sein de Paris; tout-à-l'heure j'entendais rouler les omnibus et tinter les sonnettes des marchands de limonade. Oh! senora, que ne sais-je parler le grec, votre conversation, jointe à cet entourage féerique, me composerait une soirée dont je me souviendrais toujours.

— Je parle assez bien l'italien pour parler avec vous, Monsieur, dit tranquillement Haydée, et je ferai de mon mieux, si vous aimez l'Orient, pour que vous le retrouviez ici.

— De quoi puis-je lui parler? demanda tout bas Albert à Monte-Christo.

— Mais de tout ce que vous voudrez: de son pays, de sa jeunesse, de ses souvenirs, puis, si vous l'aimez mieux, de Rome, de Naples ou de Florence.

— Oh ! dit Albert, ce ne serait pas la peine d'avoir une Grecque devant soi pour lui parler de tout ce dont on parlerait à une Parisienne ; laissez-moi lui parler de l'Orient.

— Faites, mon cher Albert ; c'est la conversation qui lui est la plus agréable.

Albert se retourna vers Haydée.

— A quel âge la signora a-t-elle quitté la Grèce ? demanda-t-il.

— A cinq ans, répondit Haydée.

— Et vous vous rappelez votre patrie ? demanda Albert.

— Quand je ferme les yeux je revois tout ce que j'ai vu. Il y a deux regards :

le regard du corps et le regard de l'ame. Le regard du corps peut oublier parfois, mais celui de l'ame se souvient toujours.

— Et quel est le temps le plus loin dont vous puissiez vous souvenir ?

— Je marchais à peine ; ma mère, que l'on appelle Vasiliki (Vasiliki veut dire royale, ajouta la jeune fille en relevant la tête), ma mère me prenait par la main, et, toutes deux couvertes d'un voile, après avoir mis au fond de la bourse tout l'or que nous possédions, nous allions demander l'aumône pour les prisonniers, en disant :

— Celui qui donne aux pauvres, prête à l'Eternel (1). Puis, quand notre bourse

---

1) Proverbe xix.

était pleine, nous rentrions au palais, et, sans rien dire à mon père, nous envoyions tout cet argent qu'on nous avait donné, nous prenant pour de pauvres femmes, à l'égoumenos du couvent, qui le répartissait entre les prisonniers.

— Et à cette époque, quel âge aviez-vous ?

— Trois ans, dit Haydée.

— Alors, vous vous souvenez de tout ce qui s'est passé autour de vous depuis l'âge de trois ans ?

— De tout.

— Comte, dit tout bas Morcerf à Monte-Christo, vous devriez permettre à la signora de nous raconter quelque chose de son histoire. Vous m'avez défendu de lui parler de mon père, mais peut-être m'en parlera-t-elle, et vous n'avez pas idée combien je serais heureux d'entendre sortir notre nom d'une si jolie bouche.

Monte-Christo se tourna vers Haydée, et, avec un signe de sourcil qui lui indiquait d'accorder la plus grande attention à la recommandation qu'il allait lui faire, il lui dit en grec :

— *Patros men atén, né dé oñoma prodotou kai prodosian, eipe émin* (1).

Haydée poussa un long soupir et un nuage sombre passa sur son front si pur.

---

(1) Mot à mot : « De ton père le sort, mais pas le nom du traître ni la trahison, raconte-nous. »

— Que lui dites-vous? demanda tout bas Morcerf.

— Je lui répète que vous êtes un ami et qu'elle n'a point à se cacher vis-à-vis de vous.

— Ainsi, dit Albert, ce pieux pèlerinage pour les prisonniers est votre premier souvenir; quel est l'autre?

— L'autre? Je me vois sous l'ombre des sycomores, près d'un lac dont j'aperçois encore, à travers le feuillage, le miroir tremblant; contre le plus vieux et le plus touffu, mon père était assis sur des coussins, et moi, faible enfant, tandis que ma mère était couchée à ses pieds, je jouais avec sa barbe blanche, qui descendait sur sa poitrine, et avec le cangiar à la poignée de diamant passé à sa ceinture, puis de temps en temps venait à lui un Albanais qui lui disaient quelques mots auxquels je ne faisais pas attention, et auxquels il répondait du même son de voix : Tuez! ou : Faites grâce!

— C'est étrange, dit Albert, d'entendre sortir de pareilles choses de la bouche d'une jeune fille autre part que sur un théâtre, et en se disant : ceci n'est point une fiction. Eh! demanda Albert, comment, avec cet horizon si poétique, comment, avec ce lointain merveilleux, trouvez-vous la France?

— Je crois que c'est un beau pays, dit Haydée, mais je vois la France telle qu'elle est, car je la vois avec des yeux de femme, tandis qu'il me semble, au contraire, que mon pays, que je n'ai vu qu'avec mes yeux d'enfant, est toujours enveloppé d'un brouillard lumineux ou sombre, selon que mes souvenirs le font une douce patrie ou un lieu d'amères souffrances.

— Si jeune, signora, dit Albert cédant malgré lui à la puissance de la banalité, comment avez-vous pu souffrir ?

Haydée tourna les yeux vers Monte-Christo, qui, avec un signe imperceptible, murmura :

— *Eipe* (1).

— Rien ne compose le fond de l'ame

---

(1) Raconte.

comme les premiers souvenirs, et à part les deux que je viens de vous dire, tous les souvenirs de ma jeunesse sont tristes.

— Parlez, parlez, signora, dit Albert, je vous jure que je vous écoute avec un inexprimable bonheur.

Haydée sourit tristement.

— Vous voulez donc que je passe à mes autres souvenirs? dit-elle.

— Je vous en supplie, dit Albert.

— Eh bien! j'avais quatre ans, quand un soir je fus réveillée par ma mère. Nous étions au palais de Janina ; elle me prit sur les coussins où je reposais, et en ouvrant mes yeux je vis les siens remplis de grosses larmes.

Elle m'emporta sans rien dire.

En la voyant pleurer, j'allais pleurer aussi.

— Silence ! enfant ! dit-elle.

Souvent, malgré les consolations ou les menaces maternelles, capricieuse comme tous les enfants, je continuais de pleurer ; mais cette fois, il y avait dans la voix de ma pauvre mère une telle intonation de terreur, que je me tus à l'instant même.

Elle m'emportait rapidement.

Je vis alors que nous descendions un large escalier ; devant nous toutes les femmes de ma mère, portant des coffres, des sachets, des objets de parure, des bijoux, des bourses d'or, descendaient le même escalier ou plutôt se précipitaient.

Derrière les femmes venait une garde de vingt hommes, armés de longs fusils et de pistolets, et revêtus de ce costume que vous connaissez en France depuis que la Grèce est redevenue une nation.

Il y avait quelque chose de sinistre, croyez-moi, ajouta Haydée en secouant la tête et en pâlissant à cette seule mémoire, dans cette longue file d'esclaves et de femmes à demi alourdies par le sommeil, ou du moins je me le figurais ainsi, moi, qui peut-être croyais les autres endormis parce que j'étais mal réveillée.

Dans l'escalier couraient des ombres

gigantesques que les torches de sapin faisaient trembler aux voûtes.

— Qu'on se hâte! dit une voix au fond de la galerie.

Cette voix fit courber tout le monde, comme le vent en passant sur la plaine fait courber un champ d'épis.

Moi, elle me fit tressaillir.

Cette voix, c'était celle de mon père.

Il marchait le dernier, revêtu de ses splendides habits, tenant à la main sa carabine que votre empereur lui avait donnée; et, appuyé sur son favori Sélim, il nous poussait devant lui comme un pasteur fait d'un troupeau éperdu.

Mon père, dit Haydée en relevant la tête, était cet homme illustre que l'Europe a connu sous le nom d'Ali Tebelin, pacha de Janina, et devant lequel la Turquie a tremblé.

Albert, sans savoir pourquoi, frissonna en entendant ces paroles prononcées avec un indéfinissable accent de hauteur et de dignité; il lui sembla que quelque chose de sombre et d'effrayant rayonnait dans les yeux de la jeune fille lorsque, pareille à une pythonisse qui évoque un spectre, elle réveilla le souvenir de cette sanglante figure que sa mort terrible fit apparaître gigantesque aux yeux de l'Europe contemporaine.

Bientôt, continua Haydée, la marche s'arrêta; nous étions au bas de l'escalier et au bord d'un lac. Ma mère me pressait contre sa poitrine bondissante, et je vis à deux pas derrière nous mon père qui jetait de tous côtés des regards inquiets.

Devant nous s'étendaient quatre degrés de marbre, et au bas du dernier degré ondulait une barque.

D'où nous étions, on voyait se dresser au milieu du lac une masse noire; c'était le kiosque où nous nous rendions. Ce kiosque me paraissait à une distance considérable, peut-être à cause de l'obscurité.

Nous descendîmes dans la barque. Je me souviens que les rames ne faisaient aucun bruit en touchant l'eau; je me penchai pour les regarder : elles étaient enveloppées avec les ceintures de nos Palicares.

Il n'y avait, outre les rameurs, dans la barque, que des femmes, mon père, ma mère, Sélim et moi.

Les Palicares étaient restés au bord du lac, prêts à soutenir la retraite, agenouillés sur le dernier degré, et se faisant, dans le cas où ils eussent été poursuivis, un rempart des trois autres.

Notre barque allait comme le vent.

— Pourquoi la barque va-t-elle si vite? demandai-je à ma mère.

— Chut! mon enfant, dit-elle, c'est que nous fuyons.

Je ne compris pas. Pourquoi mon père fuyait-il, lui le tout-puissant, lui devant qui d'ordinaire fuyaient les autres, lui qui avait pris pour devise :

ILS ME HAISSENT, DONC ILS ME CRAIGNENT!

En effet, c'était une fuite que mon père opérait sur le lac. Il m'a été dit depuis que la garnison du château de Janina, fatiguée d'un long service...

Ici, Haydée arrêta son regard expressif sur Monte-Christo, dont l'œil ne quitta plus ses yeux. La jeune fille continua donc lentement, comme quelqu'un qui invente ou qui supprime.

— Vous disiez, signora, reprit Albert, qui accordait la plus grande attention à ce récit, que la garnison de Janina, fatiguée d'un long service...

— Avait traité avec le séraskier Kourchid, envoyé par le sultan pour s'emparer de mon père ; c'était alors que mon père avait pris la résolution de se retirer, après avoir envoyé au sultan un officier franc, auquel il avait toute confiance, dans l'asile que lui-même s'était préparé depuis longtemps, et qu'il appelait kataphyghion, c'est-à-dire son refuge.

— Et cet officier. demanda Albert, vous rappelez-vous son nom, signora?

Monte-Christo échangea avec la jeune fille un regard rapide comme un éclair, et qui resta inaperçu de Morcerf.

— Non, dit-elle, je ne me le rappelle

pas ; mais peut-être plus tard me le rappellerai-je, et je le dirai.

Albert allait prononcer le nom de son père, lorsque Monte-Christo leva doucement le doigt en signe de silence ; le jeune homme se rappela son serment et se tut.

—C'était vers ce kiosque que nous voguions.

Un rez-de-chaussée orné d'arabesques baignant ses terrasses dans l'eau, et un premier étage donnant sur le lac, voici tout ce que le palais offrait de visible aux yeux.

Mais au-dessous du rez-de-chaussée, se prolongeant dans l'île, était un souterrain, vaste caverne où l'on nous conduisit, ma mère, moi et nos femmes, et où gisaient, formant un seul monceau, soixante mille bourses et deux cents tonneaux ; il y avait dans ces bourses vingt-cinq millions en or, et dans les barils trente mille livres de poudre.

Près de ces barils se tenait Sélim, ce favori de mon père dont je vous ai parlé; il veillait jour et nuit, une lance au bout de laquelle brûlait une mèche allumée à la main ; il avait l'ordre de faire tout sauter, kiosques, gardes, pacha, femmes et or, au premier signe de mon père.

Je me rappelle que nos esclaves, connaissant ce redoutable voisinage, passaient les jours et les nuits à prier, à pleurer, à gémir.

Quant à moi, je vois toujours le jeune

soldat au teint pâle et à l'œil noir, et quand l'ange de la mort descendra vers moi, je suis sûr que je reconnaîtrai Sélim.

Je ne pourrais dire combien de jours nous restâmes ainsi : à cette époque j'ignorais encore ce que c'était que le temps ; quelquefois, mais rarement, mon père nous faisait appeler, ma mère et moi, sur la terrasse du palais ; c'étaient mes heures de fête à moi, qui ne voyais dans le souterrain que des ombres gémissantes et la lance enflammée de Sélim. Mon père, assis devant une grande ouverture, attachait un regard sombre sur les profondeurs de l'horizon, interrogeant chaque point noir qui apparaissait sur le lac, tandis que ma mère, à demi couchée près de lui, appuyait sa tête sur son épaule, et que moi je me jouais à ses pieds, admirant, avec ces étonnements de l'enfance qui grandissent encore les objets, les escarpements du Pinde qui se dressait à l'horizon, les châteaux de Janina sortant blancs et anguleux des eaux bleues du lac, les touffes immenses de verdure noire attachées comme des lichens aux rocs de la montagne, qui de loin semblaient des mousses, et qui de près sont des sapins gigantesques et des myrtes immenses.

Un matin, mon père nous envoya chercher, ma mère avait pleuré toute la nuit; nous le trouvâmes assez calme, mais plus pâle que d'habitude.

— Prends patience, Vasiliki, dit-il; aujourd'hui tout sera fini; aujourd'hui arrive le firman du maître, et mon sort sera décidé. Si la grâce est entière, nous retournerons triomphants à Janina ; si la nouvelle est mauvaise, nous fuirons cette nuit.

— Mais s'ils ne nous laissent pas fuir ? dit ma mère.

— Oh ! sois tranquille, répondit Ali en souriant; Sélim et sa lance allumée me répondent d'eux. Ils voudraient bien que je fusse mort, mais pas à la condition de mourir avec moi.

Ma mère ne répondit que par des soupirs à ces consolations qui ne partaient pas du cœur de mon père.

Elle lui prépara l'eau glacée qu'il buvait à chaque instant, car depuis sa retraite dans le kiosque il était brûlé par une fièvre ardente; elle parfuma sa barbe blanche et alluma la chibouque dont quelquefois pendant des heures entières il suivait distraitement des yeux la fumée se volatilisant dans l'air.

Tout à coup il fit un mouvement si brusque, que je fus saisie de peur.

Puis, sans détourner les yeux du point qui fixait son attention, il demanda sa longue-vue.

Ma mère la lui passa, plus blanche que le stuc contre lequel elle s'appuyait.

Je vis la main de mon père trembler.

— Une barque!... deux!... trois!... murmura mon père; quatre!...

Et il se leva saisissant ses armes, et versant, je m'en souviens, de la poudre dans le bassinet de ses pistolets.

— Vasiliki, dit-il à ma mère avec un tressaillement visible, voici l'instant qui va décider de nous ; dans une demi-heure nous saurons la réponse du sublime empereur ; retire-toi dans le souterrain avec Haydée.

— Je ne veux pas vous quitter, dit Vasiliki ; si vous mourez, mon maître, je veux mourir avec vous.

— Allez près de Sélim, cria mon père.

—Adieu seigneur! murmura ma mère, obéissante et pliée en deux comme par l'approche de la mort.

— Emmenez Vasiliki! dit mon père à ses Palicares.

Mais moi, qu'on oubliait, je courus à lui et j'étendis mes mains de son côté; il me vit, et, se penchant vers moi, il pressa mon front de ses lèvres.

Oh! ce baiser, ce fut le dernier, et il est là encore sur mon front.

En descendant nous distinguions à travers les treilles de la terrasse les barques qui grandissaient sur le lac, et qui, pareilles naguère à des points noirs, semblaient déjà des oiseaux rasant la surface des ondes.

Pendant ce temps, dans le kiosque, vingt Palicares, assis aux pieds de mon père et cachés par la boiserie, épiaient d'un œil sanglant l'arrivée de ces bateaux, et tenaient prêts leurs longs fusils incrustés de nacre et d'argent : des cartouches en grand nombre étaient semées sur le parquet ; mon père regardait à sa montre et se promenait avec angoisse.

Voilà ce qui me frappa quand je quittai mon père après le dernier baiser que j'eus reçu de lui.

Nous traversâmes, ma mère et moi, le souterrain. Sélim était toujours à son poste ; il nous sourit tristement. Nous allâmes chercher des coussins de l'autre côté de la caverne, et nous vînmes nous asseoir près de Sélim : dans les grands périls, les cœurs dévoués se cherchent, et, tout enfant que j'étais, je sentais in-

·stinctivement qu'un grand malheur planait sur nos têtes.

Albert avait souvent entendu raconter, non point par son père, qui n'en parlait jamais, mais par des étrangers, les derniers moments du vizir de Janina; il avait lu différents récits de sa mort; mais cette histoire, devenue vivante dans la personne et par la voix de la jeune fille, cet accent vivant et cette lamentable élégie le pénétraient tout à la fois d'un charme et d'une horreur inexprimables.

Quant à Haydée, tout à ces terribles souvenirs, elle avait cessé un instant de parler; son front, comme une fleur qui se penche dans un jour d'orage, s'était incliné sur sa main, et ses yeux, perdus vaguement, semblaient voir encore à l'horizon le Pinde verdoyant et les eaux bleues du lac de Janina, miroir magique qui reflétait le sombre tableau qu'elle esquissait.

Monte-Christo la regardait avec une indéfinissable expression d'intérêt et de pitié.

— Continue, ma fille, dit le comte en langue romaïque.

Haydée releva le front, comme si les mots sonores que venait de prononcer Monte-Christo l'eussent tirée d'un rêve, et elle reprit :

— Il était quatre heures du soir ; mais, bien que le jour fût pur et brillant au dehors, nous étions, nous, plongés dans l'ombre du souterrain.

Une seule lueur brillait dans la caverne, pareille à une étoile tremblant au fond d'un ciel noir : c'était la mèche de Sélim.

Ma mère était chrétienne, et elle priait.

Sélim répétait de temps en temps ces paroles consacrées :

— Dieu est grand !

Cependant ma mère avait encore quelque espérance. En descendant, elle avait cru reconnaître le Franc qui avait été envoyé à Constantinople, et dans lequel mon père avait toute confiance, car il savait que les soldats du sultan français sont d'habitude nobles et généreux. Elle s'avança de quelques pas vers l'escalier et écouta.

— Ils approchent, dit-elle; pourvu qu'ils apportent la paix et la vie!

— Que crains-tu, Vasiliki? répondit Sélim avec sa voix si suave et si fière à la fois; s'ils n'apportent pas la paix, nous leur donnerons la guerre; s'ils n'apportent pas la vie, nous leur donnerons la mort.

Et il ravivait la flamme de sa lance avec un geste qui le faisait ressembler au Dyonysos de l'antique Crète.

Mais moi, qui étais si enfant et si naïve, j'avais peur de ce courage que je trouvais féroce et insensé, et je m'effrayais de cette mort épouvantable dans l'air et dans la flamme.

Ma mère éprouvait les mêmes impressions, car je la sentais frissonner.

— Mon Dieu! mon Dieu! maman, m'écriai-je, est-ce que nous allons mourir?

Et à ma voix les pleurs et les prières des esclaves redoublèrent.

— Enfant, me dit Vasiliki, Dieu te préserve d'en venir à désirer cette mort que tu crains aujourd'hui!

Puis tout bas :

— Sélim, dit-elle, quel est l'ordre du maître?

— S'il m'envoie son poignard, c'est que le Sultan refuse de le recevoir en grâce, et je mets le feu; s'il m'envoie son anneau, c'est que le Sultan lui pardonne, et je livre la poudrière.

— Ami, reprit ma mère, lorsque l'ordre du maître arrivera, si c'est le poignard qu'il envoie, au lieu de nous tuer toutes deux de cette mort qui nous épouvante, nous te tendrons la gorge, et tu nous tueras avec ce poignard.

— Oui, Vasiliki, répondit tranquillement Sélim.

Soudain nous entendîmes comme de grands cris; nous écoutâmes : c'étaient des cris de joie; le nom du Franc qui avait été envoyé à Constantinople retentissait répété par nos Palicares; il était évident qu'il rapportait la réponse du sublime Empereur, et que la réponse était favorable.

— Et vous ne vous rappelez pas ce nom? dit Morcerf, tout prêt à aider la mémoire de la narratrice.

Monte-Christo lui fit un signe.

— Je ne me le rappelle pas, répondit Haydée.

Le bruit redoublait; des pas plus rapprochés retentirent : on descendait les marches du souterrain.

Sélim apprêta sa lance.

Bientôt une ombre apparut dans le

crépuscule bleuâtre que formaient les rayons du jour pénétrant jusqu'à l'entrée du souterrain.

— Qui es-tu? cria Sélim. Mais qui que tu sois, ne fais pas un pas de plus.

— Gloire au Sultan! dit l'ombre. Toute grâce est accordée au vizir Ali ; et non-seulement il a la vie sauve, mais on lui rend sa fortune et ses biens.

Ma mère poussa un cri de joie et me serra contre son cœur.

— Arrête! lui dit Sélim, voyant qu'elle s'élançait déjà pour sortir; tu sais qu'il me faut l'anneau.

— C'est juste, dit ma mère; et elle tomba à genoux en me soulevant vers le ciel, comme si, en même temps qu'elle priait Dieu pour moi, elle voulait encore me soulever vers lui.

Et pour la seconde fois Haydée s'arrêta vaincue par une émotion telle, que la sueur coulait de son front pâli, et que sa voix étranglée semblait ne pouvoir franchir son gosier aride.

Monte-Christo versa un peu d'eau glacée dans un verre et le lui présenta en disant avec une douceur où perçait une nuance de commandement :

— Du courage, ma fille.

Haydée essuya ses yeux et son front, et continua :

— Pendant ce temps, nos yeux, habitués à l'obscurité, avaient reconnu l'envoyé du pacha : c'était un ami.

Sélim l'avait reconnu ; mais le brave jeune homme ne savait qu'une chose : obéir !

— En quel nom viens-tu ? dit-il.

— Je viens au nom de notre maître, Ali Tebelin.

— Si tu viens au nom d'Ali, tu sais ce que tu dois me remettre ?

— Oui, dit l'envoyé, et je t'apporte son anneau.

En même temps il éleva sa main au-dessus de sa tête ; mais il était trop loin et il ne faisait pas assez clair pour que Sélim pût, d'où nous étions, distinguer et reconnaître l'objet qu'il lui présentait.

— Je ne vois pas ce que tu tiens, dit Sélim.

— Approche, dit le messager, ou je m'approcherai, moi.

— Ni l'un ni l'autre, répondit le jeune soldat; dépose à la place où tu es, et sous ce rayon de lumière, l'objet que tu me montres, et retire-toi jusqu'à ce que je l'aie vu.

— Soit, dit le messager.

Et il se retira après avoir déposé le signe de reconnaissance à l'endroit indiqué.

Et notre cœur palpitait; car l'objet nous paraissait être effectivement un anneau. Seulement, était-ce l'anneau de mon père?

Sélim, tenant toujours à la main sa mèche enflammée, vint à l'ouverture, s'inclina radieux sous le rayon de lumière et ramassa le signe.

— L'anneau du maître, dit-il en le baisant, c'est bien !

Et renversant la mèche contre terre, il marcha dessus et l'éteignit.

Le messager poussa un cri de joie et frappa dans ses mains. A ce signal, quatre soldats du séraskier Kourchid accoururent, et Sélim tomba percé de cinq coups de poignard. Chacun avait donné le sien.

Et cependant, ivres de leur crime, quoique encore pâles de peur, ils se ruèrent dans le souterrain, cherchant partout s'il y avait du feu, et se roulant sur les sacs d'or.

Pendant ce temps, ma mère me saisit entre ses bras, et, agile, bondissant par des sinuosités connues de nous seules, elle arriva jusqu'à un escalier dérobé du kiosque dans lequel régnait un tumulte effrayant.

Les salles basses étaient entièrement peuplées par les Tchodoars de Kourchid, c'est-à-dire par nos ennemis.

Au moment où ma mère allait pousser la petite porte, nous entendîmes retentir, terrible et menaçante, la voix du Pacha.

Ma mère colla son œil aux fentes des planches; une ouverture se trouva par hasard devant le mien, et je regardai.

— Que voulez-vous? disait mon père à des gens qui tenaient un papier avec des caractères d'or à la main.

— Ce que nous voulons, répondit l'un d'eux, c'est te communiquer la volonté de Sa Hautesse. Vois-tu ce firman?

— Je le vois, dit mon père.

— Eh bien! lis; il demande ta tête.

Mon père poussa un éclat de rire plus

effrayant que n'eût été une menace, et il n'avait pas encore cessé, que deux coups de pistolet étaient partis de ses mains et avaient tué deux hommes.

Les Palicares, qui étaient couchés tout autour de mon père la face contre le parquet, se levèrent alors et firent feu; la chambre se remplit de bruit, de flamme et de fumée.

A l'instant même le feu commença de l'autre côté, et les balles vinrent trouer les planches tout autour de nous.

Oh! qu'il était beau, qu'il était grand, le vizir Ali Tebelin, mon père, au milieu des balles, le cimeterre au poing, le visage noir de poudre! Comme ses ennemis fuyaient!

— Sélim! Sélim! criait-il, gardien du feu, fais ton devoir!

— Sélim est mort! répondit une voix qui semblait sortir des profondeurs du kiosque, et toi, mon seigneur Ali, tu es perdu!

En même temps une détonation sourde se fit entendre, et le plancher vola en éclats tout autour de mon père.

Les Tchodoars tiraient à travers le parquet; trois ou quatre Palicares tombèrent frappés de bas en haut par des blessures qui leur labouraient tout le corps.

Mon père rugit, enfonça ses doigts par

les trous des balles et arracha une planche tout entière.

Mais en même temps par cette ouverture vingt coups de feu éclatèrent, et la flamme, sortant comme du cratère d'un volcan, gagna les tentures qu'elle dévora.

Au milieu de tout cet affreux tumulte, au milieu de ces cris terribles, deux coups plus distincts entre tous, deux cris plus déchirants par-dessus tous les cris, me glacèrent de terreur; ces deux explosions avaient frappé mortellement mon père, et c'était lui qui avait poussé ces deux cris.

Cependant il était resté debout, cramponné à une fenêtre. Ma mère secouait la porte pour aller mourir avec lui, mais la porte était fermée en dedans.

Tout autour de lui les Palicares se tordaient dans les convulsions de l'agonie; deux ou trois qui étaient sans blessures ou blessés légèrement s'élancèrent par les fenêtres.

En même temps le plancher tout entier craqua brisé en dessous; mon père tomba sur un genou, en même temps vingt bras s'allongèrent, armés de sabres, de pistolets, de poignards, vingt coups frappèrent à la fois un seul homme, et mon père disparut dans un tourbillon de feu, attisé par ces démons rugissants comme si l'enfer se fût ouvert sous ses pieds.

Je me sentis rouler à terre : c'était ma mère qui s'abîmait évanouie.

Haydée laissa tomber ses deux bras en poussant un gémissement, et en regardant le comte comme pour lui demander s'il était satisfait de son obéissance.

Le comte se leva, vint à elle, lui prit la main, et lui dit en romaïque :

— Repose-toi, chère enfant, et reprends courage en songeant qu'il y a un Dieu qui punit les traîtres.

— Voilà une épouvantable histoire, comte, dit Albert tout effrayé de la pâleur d'Haydée, et je me reproche maintenant d'avoir été si cruellement indiscret.

— Ce n'est rien, répondit Monte-Christo ; puis posant sa main sur la tête de la jeune fille :

— Haydée, continua-t-il, est une femme courageuse : elle a quelquefois trouvé du soulagement dans le récit de ses douleurs.

— Parce que, Monseigneur, dit vivement la jeune fille, parce que mes douleurs me rappellent tes bienfaits.

Albert la regarda avec curiosité, car elle n'avait point encore raconté ce qu'il désirait le plus savoir, c'est-à-dire comment elle était devenue l'esclave du comte.

Haydée vit à la fois dans les regards du

comte et dans ceux d'Albert le même désir exprimé.

Elle continua :

—Quand ma mère reprit ses sens, dit-elle, nous étions devant le séraskier.

— Tuez-moi, dit-elle, mais épargnez l'honneur de la veuve d'Ali.

— Ce n'est point à moi qu'il faut t'adresser, dit Kourchid.

— A qui donc?

— C'est à ton nouveau maître.

— Quel est-il?

— Le voici.

Et Kourchid nous montra un de ceux qui avaient le plus contribué à la mort de mon père, continua la jeune fille avec une colère sombre.

— Alors, demanda Albert, vous devîntes la propriété de cet homme?

— Non, répondit Haydée; il n'osa nous garder, il nous vendit à des marchands d'esclaves qui allaient à Constantinople. Nous traversâmes la Grèce et nous arrivâmes mourantes à la porte impériale, encombrée de curieux qui s'ouvraient pour nous laisser passer, quand tout-à-coup ma mère suit des yeux la direction de leurs regards, jette un cri et tombe en me montrant une tête au-dessus de cette porte.

Au-dessous de cette tête étaient écrits ces mots :

« Celle-ci est la tête d'Ali Tebelin, pacha de Janina. »

J'essayai, en pleurant, de relever ma mère : elle était morte !

Je fus menée au bazar ; un riche Arménien m'acheta, me fit instruire, me donna des maîtres, et quand j'eus treize ans me vendit au sultan Mahmoud.

— Auquel, dit Monte-Christo, je la rachetai, comme je vous l'ai dit, Albert pour cette émeraude pareille à celle où je mets mes pastilles de hâtchis.

— Oh! tu es bon! tu es grand! mon seigneur, dit Haydée en baisant la main de Monte-Christo, et je suis bien heureuse de t'appartenir.

Albert était resté tout étourdi de ce qu'il venait d'entendre.

— Achevez donc votre tasse de café, lui dit le comte; l'histoire est finie.

CHAPITRE IV.

ON NOUS ÉCRIT DE JANINA.

Franz était sorti de la ehambre de Noirtier si chancelant et si égaré, que Valentine elle-même avait eu pitié de lui.

Villefort, qui n'avait articulé que quelques mots sans suite, et qui s'était enfui dans son cabinet, reçut deux heures après la lettre suivante :

« Après ce qui a été révélé ce matin, M. Noirtier de Villefort ne peut supposer qu'une alliance soit possible entre sa famille et celle de M. Franz d'Epinay. M. Franz d'Epinay a horreur de songer que M. de Villefort, qui paraissait connaître les évènements racontés ce matin, ne l'ait pas prévenu dans cette pensée. »

Quiconque eût vu en ce moment le magistrat ployé sous le coup, n'eût pas cru qu'il le prévoyait; en effet, jamais il n'eût pensé que son père eût poussé la franchise, ou plutôt la rudesse, jusqu'à raconter une pareille histoire. Il est vrai que jamais M. Noirtier, assez dédaigneux qu'il était de l'opinion de son fils, ne s'était préoccupé d'éclaircir le fait aux yeux de Villefort, et que celui-ci avait toujours cru que le général de Quesnel, ou le baron d'Epinay, selon qu'on voudra l'appeler, ou du nom qu'il s'était fait, ou du nom qu'on lui avait fait, était mort assassiné et non tué loyalement en duel.

Cette lettre si dure d'un jeune homme si respectueux jusqu'alors était mortelle pour l'orgueil d'un homme comme Villefort.

A peine était-il dans son cabinet que sa femme entra.

La sortie de Franz, appelé par M. Noirtier, avait tellement étonné tout le monde, que la position de madame de Villefort, restée seule avec le notaire et les témoins, devint de moment en moment plus embarrassante. Alors madame de Villefort avait pris son parti, et elle était sortie en annonçant qu'elle allait aux nouvelles.

M. de Villefort se contenta de lui dire qu'à la suite d'une explication entre lui, M. Noirtier et M. d'Epinay, le mariage de Valentine avec Franz était rompu.

C'était difficile à reporter à ceux qui attendaient; aussi madame de Villefort, en rentrant, se contenta-t-elle de dire que M. Noirtier, ayant eu au commencement de la conférence une espèce d'attaque d'apoplexie, le contrat était naturellement remis à quelques jours.

Cette nouvelle, toute fausse qu'elle était, arrivait si singulièrement à la suite de deux malheurs du même genre, que les auditeurs se regardèrent étonnés et se retirèrent sans dire une parole.

Pendant ce temps, Valentine, heureuse et épouvantée à la fois, après avoir embrassé et remercié le faible vieillard qui venait de briser ainsi d'un seul coup une chaîne qu'elle regardait déjà comme indissoluble, avait demandé à se retirer chez elle pour se remettre, et Noirtier lui avait, de l'œil, accordé la permission qu'elle sollicitait.

Mais au lieu de remonter chez elle, Valentine, une fois sortie, prit le corridor, et, sortant par la petite porte, s'élança dans le jardin. Au milieu de tous les évènements qui venaient de s'entasser les uns sur les autres, une terreur sourde avait constamment comprimé son cœur. Elle s'attendait d'un moment à l'autre à voir apparaître Morrel pâle et menaçant comme le laird de Ravenswood au contrat de Lucie de Lammermoor.

En effet, il était temps qu'elle arrivât à la grille. Maximilien, qui s'était douté de ce qui allait se passer en voyant Franz quitter le cimetière avec M. de Villefort, l'avait suivi, puis, après l'avoir vu entrer, l'avait vu sortir encore et rentrer de nouveau avec Albert et Château-Renaud. Pour lui il n'y avait donc plus de doute. Il s'était alors jeté dans son enclos, prêt à tout évènement, et bien certain qu'au premier moment de liberté qu'elle pourrait saisir, Valentine accourrait à lui.

Il ne s'était pas trompé; son œil, collé aux planches, vit en effet apparaître la jeune fille qui, sans prendre aucune des précautions d'usage, accourait à la grille.

Au premier coup d'œil qu'il jeta sur elle, Maximilien fut rassuré ; au premier mot qu'elle prononça, il bondit de joie.

— Sauvés ! dit Valentine.

— Sauvés ! répéta Morrel, ne pouvant croire à un pareil bonheur; mais par qui sauvés ?

— Par mon grand-père. Oh ! aimez-le bien, Morrel !

Morrel jura d'aimer le vieillard de toute

son ame; et ce serment ne lui coûtait point à faire, car dans ce moment il ne se contentait pas de l'aimer comme un ami ou comme un père, il l'adorait comme un dieu.

— Mais comment cela s'est-il fait? demanda Morrel; quel moyen étrange a-t-il employé?

Valentine ouvrait la bouche pour tout raconter, mais elle songea qu'il y avait au fond de tout cela un secret terrible qui n'était point à son grand-père seulement.

— Plus tard, dit-elle, je vous raconterai tout cela.

— Mais quand?

— Quand je serai votre femme.

C'était mettre la conversation sur un chapitre qui rendait Morrel facile à tout entendre : aussi il entendit même qu'il devait se contenter de ce qu'il savait, et que c'était assez pour un jour. Cependant il ne consentit à se retirer que sur la promesse qu'il verrait Valentine le lendemain soir.

Valentine promit ce que voulut Morrel. Tout était changé à ses yeux, et certes il lui était moins difficile de croire maintenant qu'elle épouserait Maximilien, que de croire une heure auparavant qu'elle n'épouserait pas Franz.

Pendant ce temps, madame de Villefort était montée chez Noirtier.

Noirtier la regarda de cet œil sombre et sévère avec lequel il avait coutume de la recevoir.

— Monsieur, lui dit-elle, je n'ai pas besoin de vous apprendre que le mariage de Valentine est rompu, puisque c'est ici que cette rupture a eu lieu.

Noirtier resta impassible.

— Mais, continua madame de Villefort, ce que vous ne savez pas, Monsieur, c'est que j'ai toujours été opposée à ce mariage, qui se faisait malgré moi.

Noirtier regarda sa belle-fille en homme qui attend une explication.

— Or, maintenant que ce mariage,

pour lequel je connaissais votre répugnance, est rompu, je viens faire près de vous une démarche que ni M. de Villefort ni Valentine ne peuvent faire.

Les yeux de Noirtier demandèrent quelle était cette démarche.

— Je viens vous prier, Monsieur, continua madame de Villefort, comme la seule qui en ait le droit, car je suis la seule à qui il n'en reviendra rien; je viens vous prier de rendre, je ne dirai pas vos bonnes grâces, elle les a toujours eues, mais votre fortune à votre petite-fille.

Les yeux de Noirtier demeurèrent un instant incertains : il cherchait évidemment les motifs de cette démarche, et ne les pouvait trouver.

— Puis-je espérer, Monsieur, dit madame de Villefort, que vos intentions étaient en harmonie avec la prière que je venais vous faire?

— Oui, fit Noirtier.

— En ce cas, Monsieur, dit madame de Villefort, je me retire à la fois reconnaissante et heureuse.

Et saluant M. Noirtier, elle se retira.

En effet, dès le lendemain Noirtier fit venir le notaire: le premier testament fut déchiré, et un second fut fait, dans lequel il laissa toute sa fortune à Valentine, à la condition qu'on ne la séparerait pas de lui.

Quelques personnes alors calculèrent de par le monde que mademoiselle de Villefort, héritière du marquis et de la marquise de Saint-Méran, et rentrée en la grâce de son grand-père, aurait un jour bien près de trois cent mille livres de rente.

Tandis que ce mariage se rompait chez les Villefort, M. le comte de Morcerf avait reçu la visite de Monte-Christo, et, pour montrer son empressement à Danglars, il endossait son grand uniforme de lieutenant-général, qu'il avait fait orner de toutes ses croix, et demandait ses meilleurs chevaux.

Ainsi paré, il se rendit rue de la Chaussée-d'Antin et se fit annoncer à Danglars, qui faisait son relevé de fin de mois.

Ce n'était pas le moment où, depuis quelque temps, il fallait prendre le banquier pour le trouver de bonne humeur.

Aussi, à l'aspect de son ancien ami, Danglars prit son air majestueux et s'établit carrément dans son fauteuil.

Morcerf, si empesé d'habitude, avait emprunté au contraire un air riant et affable ; en conséquence, à peu près sûr qu'il était que son ouverture allait recevoir un bon accueil, il ne fit point de diplomatie, et arrivant au but d'un seul coup :

— Baron, dit-il, me voici. Depuis

longtemps nous tournons autour de nos paroles d'autrefois....

Morcerf s'attendait à ces mots à voir s'épanouir la figure du banquier, dont il attribuait le rembrunissement à son silence; mais au contraire cette figure devint, ce qui était presque incroyable, plus impassible et plus froide encore.

Voilà pourquoi Morcerf s'était arrêté au milieu de sa phrase.

— Quelles paroles, monsieur le comte? demanda le banquier, comme s'il cherchait vainement dans son esprit l'explication de ce que le général voulait dire.

— Oh! dit le comte, vous êtes formaliste, mon cher Monsieur, et vous me rappelez que le cérémonial doit se faire selon tous les rites. Très-bien! ma foi. Pardonnez-moi, comme je n'ai qu'un fils, et que c'est la première fois que je songe à le marier, j'en suis encore à mon apprentissage; allons, je m'exécute.

Et Morcerf, avec un sourire forcé, se leva, fit une profonde révérence à Danglars, et lui dit :

— Monsieur le baron, j'ai l'honneur de vous demander la main de mademoiselle Eugénie Danglars, votre fille, pour mon fils le vicomte Albert de Morcerf.

Mais Danglars, au lieu d'accueillir ces paroles avec une faveur que Morcerf pouvait espérer de lui, fronça le sourcil, et, sans inviter le comte, qui était resté debout, à s'asseoir :

— Monsieur le comte, dit-il, avant de vous répondre, j'aurais besoin de réfléchir.

— De réfléchir ! reprit Morcerf de plus en plus étonné ; n'avez-vous donc pas eu le temps de réfléchir depuis tantôt huit ans que nous causâmes de ce mariage pour la première fois ?

— Monsieur le comte, dit Danglars, tous les jours il arrive des choses qui font que les réflexions que l'on croyait faites sont à refaire.

— Comment cela ? demanda Morcerf ; je ne vous comprends plus, baron !

— Je veux dire, Monsieur, que depuis quinze jours de nouvelles circonstances...

— Permettez, dit Morcerf; est-ce ou n'est-ce pas une comédie que nous jouons?

— Comment cela, une comédie?

— Oui, expliquons-nous catégoriquement.

— Je ne demande pas mieux.

— Vous avez vu M. de Monte-Christo?

— Je le vois très-souvent, dit Danglars en secouant son jabot, c'est un de mes amis.

— Eh bien! une des dernières fois que vous l'avez vu, vous lui avez dit que je semblais oublieux, irrésolu à l'endroit de ce mariage?

— C'est vrai.

— Eh bien! me voici. Je ne suis ni oublieux ni irrésolu, vous le voyez, puisque je viens vous sommer de tenir votre promesse.

Danglars ne répondit pas.

— Avez-vous sitôt changé d'avis, ajouta Morcerf, ou n'avez-vous provoqué ma demande que pour vous donner le plaisir de m'humilier?

Danglars comprit que s'il continuait

la conversation sur le ton où il l'avait entreprise, la chose pourrait mal tourner pour lui.

— Monsieur le comte, dit-il, vous devez être à bon droit surpris de ma réserve, je comprends cela ; aussi croyez bien que moi tout le premier je m'en afflige ; croyez bien qu'elle m'est commandée par des circonstances impérieuses.

— Ce sont là des propos en l'air, mon cher Monsieur, dit le comte, et dont pourrait peut-être se contenter le premier venu ; mais le comte de Morcerf n'est pas le premier venu ; et quand un homme comme lui vient trouver un autre homme, lui rappelle la parole donnée, et que cet homme manque à sa parole, il a le droit d'exiger en place qu'on lui donne au moins une bonne raison.

Danglars était lâche, mais il ne le voulait point paraître : il fut piqué du ton que Morcerf venait de prendre.

— Aussi n'est-ce pas la bonne raison qui me manque, répliqua-t-il.

— Que prétendez-vous dire ?

— Que la bonne raison, je l'ai, mais qu'elle est difficile à donner.

— Vous sentez cependant, dit Morcerf, que je ne puis me payer de vos réticences ; et une chose, en tous cas, me paraît claire, c'est que vous refusez mon alliance.

— Non, Monsieur, dit Danglars, je suspends ma résolution, voilà tout.

— Mais vous n'avez pas cependant la prétention, je le suppose, de croire que je souscrive à vos caprices, au point d'attendre tranquillement et humblement le retour de vos bonnes grâces ?

— Alors, monsieur le comte, si vous ne pouvez attendre, regardons nos projets comme non avenus.

Le comte se mordait les lèvres jusqu'au sang pour ne pas faire l'éclat que son caractère superbe et irritable le portait à faire; cependant, comprenant qu'en pareille circonstance le ridicule serait de son côté, il avait déjà commencé à gagner la porte du salon, lorsque, se ravisant, il revint sur ses pas.

Un nuage venait de passer sur son front, y laissant au lieu de l'orgueil offensé la trace d'une vague inquiétude.

— Voyons, dit-il, mon cher Danglars, nous nous connaissons depuis longues années, et, par conséquent, nous devons avoir quelques ménagements l'un pour l'autre. Vous me devez une explication, et c'est bien le moins que je sache à quel malheureux évènement mon fils doit la perte de vos bonnes intentions à son égard.

— Ce n'est point personnel au vicomte, voilà tout ce que je puis vous dire, Monsieur, répondit Danglars, qui redevenait impertinent en voyant que Morcerf s'adoucissait.

— Et à qui donc est-ce personnel? demanda d'une voix altérée Morcerf, dont le front se couvrit de pâleur.

Danglars, à qui aucun de ces symptômes n'échappait, fixa sur lui un regard plus assuré qu'il n'avait coutume de le faire.

— Remerciez-moi de ne pas m'expliquer davantage, dit-il.

Un tremblement nerveux, qui venait

sans doute d'une colère contenue, agitait Morcerf.

— J'ai le droit, répondit-il en faisant un violent effort sur lui-même, j'ai le droit d'exiger que vous vous expliquiez; est-ce donc contre madame Morcerf que vous avez quelque chose? Est-ce ma fortune qui n'est pas suffisante? Sont-ce mes opinions qui, étant contraires aux vôtres...

— Rien de tout cela, Monsieur, dit Danglars; je serais impardonnable, car je me suis engagé connaissant tout cela. Non, ne cherchez plus, je suis vraiment honteux de vous faire faire cet examen de conscience; restons-en là, croyez-moi. Prenons le terme moyen du délai, qui n'est ni une rupture, ni un engagement.

Rien ne presse, mon Dieu ! Ma fille a dix-sept ans, et votre fils vingt-un. Pendant notre halte le temps marchera, lui; il amènera les évènements ; les choses qui paraissent obscures la veille sont parfois trop claires le lendemain; parfois ainsi avec un mot, parfois ainsi, en un jour, tombent les plus cruelles calomnies.

— Des calomnies ! avez-vous dit, Monsieur ? s'écria Morcerf en devenant livide. On me calomnie, moi !

— Monsieur le Comte, ne nous expliquons pas, vous dis-je.

— Ainsi, Monsieur, il me faudra subir tranquillement ce refus ?

— Pénible surtout pour moi, Monsieur.

Oui, plus pénible pour moi que pour vous, car je comptais sur l'honneur de votre alliance, et un mariage manqué fait toujours plus de tort à la fiancée qu'au fiancé.

— C'est bien, Monsieur, n'en parlons plus, dit Morcerf.

Et froissant ses gants avec rage, il sortit de l'appartement.

Danglars remarqua que pas une seule fois Morcerf n'avait osé demander si c'était à cause de lui, Morcerf, que Danglars retirait sa parole.

Le soir il eut une longue conférence

avec plusieurs amis, et M. Cavalcanti, qui s'était constamment tenu dans le salon des dames, sortit le dernier de la maison du banquier.

Le lendemain en se réveillant, Danglars demanda les journaux, on les lui apporta aussitôt : il en écarta trois ou quatre et prit *l'Impartial*.

C'était celui dont Beauchamp était le rédacteur-gérant.

Il brisa rapidement l'enveloppe, l'ouvrit avec une précipitation nerveuse, passa dédaigneusement sur le *premier Paris*, et, arrivant aux faits divers, s'arrêta avec son méchant sourire sur un entrefilets commençant par ses mots : *On nous écrit de Janina...*

— Bon, dit-il après après avoir lu, voici un petit bout d'article sur le colonel Fernand, qui, selon toute probabilité, me dispensera de donner des explications à M. le comte de Morcerf.

Au même moment, c'est-à-dire comme neuf heures du matin sonnaient, Albert de Morcerf, vêtu de noir, boutonné méthodiquement, la démarche agitée et la parole brève, se présentait à la maison des Champs-Elysées.

— M. le Comte vient de sortir, il y a une demi-heure à peu près, dit le concierge.

— A-t-il emmené Baptistin ? demanda Morcerf.

— Non, monsieur le Vicomte.

—Appelez Baptistin, je veux lui parler.

Le concierge alla chercher le valet de chambre lui-même, et un instant après revint avec lui.

— Mon ami, dit Albert, je vous demande pardon de mon indiscrétion, mais j'ai voulu vous demander à vous-même si votre maître était bien réellement sorti ?

— Oui, Monsieur, répondit Baptistin.

— Même pour moi ?

—Je sais combien mon maître est heureux de recevoir Monsieur, et je me garderais bien de confondre Monsieur dans une mesure générale.

— Tu as raison, car j'ai à lui parler d'une affaire sérieuse. Crois-tu qu'il tardera à rentrer ?

— Non, car il a commandé son déjeuner pour dix heures.

— Bien, je vais faire un tour aux Champs-Elysées, à dix heures je serai ici; si M. le Comte rentre avant moi, dis-lui que je le prie d'attendre.

— Je n'y manquerai pas, Monsieur peut en être sûr.

Albert laissa à la porte du comte le cabriolet de place qu'il avait pris et alla se promener à pied.

En passant devant l'allée des Veuves, il crut reconnaître les chevaux du comte qui stationnaient à la porte du tir de Gosset ; il s'approcha, et, après avoir reconnu les chevaux, reconnut le cocher.

— M. le Comte est au tir? demanda Morcerf à celui-ci.

— Oui, Monsieur, répondit le cocher.

En effet, plusieurs coups réguliers s'étaient fait entendre depuis que Morcerf était aux environs du tir.

Il entra.

Dans le petit jardin se tenait le garçon.

— Pardon, dit-il, mais monsieur le Vicomte voudrait-il attendre un instant.

— Pourquoi cela, Philippe? demanda Albert, qui, étant un habitué, s'étonnait de cet obstacle qu'il ne comprenait pas.

— Parce que la personne qui s'exerce en ce moment prend le tir à elle seule, et ne tire jamais devant quelqu'un.

— Pas même devant vous, Philippe?

— Vous voyez, Monsieur, je suis à la porte de ma loge.

— Et qui lui charge les pistolets?

— Son domestique.

— Un Nubien?

— Un nègre.

— C'est cela.

— Vous connaissez donc ce seigneur?

— Je le viens chercher; c'est mon ami.

— Oh! alors, c'est autre chose. Je vais entrer pour le prévenir.

Et Philippe, poussé par sa propre curiosité, entra dans la cabane de planches. Une seconde après, Monte-Christo parut sur le seuil.

—Pardon de vous poursuivre jusqu'ici, mon cher Comte, dit Albert; mais je commence par vous dire que ce n'est point la faute de vos gens, et que moi seul suis indiscret. Je me suis présenté chez vous; on m'a dit que vous étiez en promenade, mais que vous rentreriez à dix heures pour déjeuner. Je me suis promené à mon tour en attendant dix heures, et, en me promenant j'ai aperçu vos chevaux et votre voiture.

— Ce que vous me dites-là me donne l'espoir que vous venez me demander à déjeuner.

— Non pas, merci, il ne s'agit pas de déjeuner à cette heure ; peut-être déjeunerons-nous plus tard, mais en mauvaise compagnie, pardieu !

— Que diable me contez-vous là ?

— Mon cher, je me bats aujourd'hui.

— Vous? et pourquoi faire?

— Pour me battre, pardieu!

— Oui, j'entends bien, mais à cause de quoi? On se bat pour toutes sortes de choses, vous comprenez bien.

— A cause de l'honneur.

— Ah! ceci, c'est sérieux.

— Si sérieux, que je viens vous prier de me rendre un service.

— Lequel?

— Celui d'être mon témoin.

— Alors cela devient grave; ne parlons de rien ici, et rentrons chez moi. Ali, donne-moi de l'eau.

Le comte retroussa ses manches et passa dans le petit vestibule qui précède les tirs et où les tireurs ont l'habitude de se laver les mains.

— Entrez donc, monsieur le Vicomte, dit tout bas Philippe, vous verrez quelque chose de drôle.

Morcerf entra. Au lieu de mouches, des cartes à jouer étaient collées sur la plaque.

De loin Morcerf crut que c'était un jeu complet; il y avait depuis l'as jusqu'au dix.

— Ah! ah! dit Albert, vous étiez en train de jouer au piquet?

— Non, dit le comte, j'étais en train de faire un jeu de cartes.

— Comment cela?

— Oui, ce sont des as et des deux que vous voyez; seulement mes balles en ont fait des trois, des cinq, des sept, des huit, des neuf et des dix.

Albert s'approcha.

En effet, les balles avaient, avec des lignes parfaitement exactes et des distances parfaitement égales, remplacé les signes absents, et troué le carton aux endroits où il aurait dû être peint.

En allant à la plaque, Morcerf ramassa, en outre, deux ou trois hirondelles qui avaient eu l'imprudence de passer à portée de pistolet du comte, et que le comte avaient abattues.

— Diable ! fit Morcerf.

—Que voulez-vous, mon cher vicomte, dit Monte-Christo en s'essuyant les mains avec du linge apporté par Ali, il faut bien que j'occupe mes instants d'oisiveté; mais venez, je vous attends.

Tous deux montèrent dans le coupé de Monte-Christo qui, au bout de quelques instants, les eut déposés à la porte du n° 30.

Monte-Christo conduisit Morcerf dans

son cabinet, et lui montra un siège. Tous deux s'assirent.

— Maintenant, causons tranquillement, dit le comte.

— Vous voyez que je suis parfaitement tranquille.

— Avec qui voulez-vous vous battre?

— Avec Beauchamp.

— Un de vos amis?

— C'est toujours avec des amis qu'on se bat.

— Au moins faut-il une raison.

— J'en ai une.

— Que vous a-t-il fait ?

—Il y a, dans son journal d'hier soir... Mais tenez, lisez.

Albert tendit à Monte-Christo un journal où il lut ces mots :

« On nous écrit de Janina :

« Un fait jusqu'alors ignoré, ou tout au moins inédit, est parvenu à notre connaissance ; les châteaux qui défendaient la ville ont été livrés aux Turcs par un officier français dans lequel le vizir Ali-Tebelin avait mis toute sa confiance, et qui s'appelait Fernand. »

— Eh bien! demanda Monte-Christo, que voyez-vous là-dedans qui vous choque?

— Comment ce que je vois!

— Oui. Que vous importe à vous, que les châteaux de Janina aient été livrés par un officier nommé Fernand?

— Il m'importe que mon père, le comte de Morcerf, s'appelle Fernand de son nom de baptême.

— Et votre père servait Ali-Pacha?

— C'est-à-dire qu'il combattait pour l'indépendance des Grecs; voilà où est la calomnie.

— Ah çà! mon cher vicomte, parlons raison.

— Je ne demande pas mieux.

— Dites-moi un peu qui diable sait en France que l'officier Fernand est le même homme que le comte de Morcerf, et qui s'occupe à cette heure de Janina, qui a été pris en 1822 ou 1823, je crois?

— Voilà justement où est la perfidie : on a laissé le temps passer là-dessus, puis aujourd'hui on revient sur des évènements oubliés pour en faire sortir un scandale qui peut ternir une haute position. Eh bien! moi, héritier du nom de mon père, je ne veux pas même que sur ce nom flotte l'ombre d'un doute. Je vais envoyer à Beauchamp, dont le journal a publié cette note, deux témoins, et il la rétractera.

— Beauchamp ne rétractera rien.

— Alors, nous nous battrons.

— Non, vous ne vous battrez pas, car il vous répondra qu'il y avait peut-être dans l'armée grecque cinquante officiers qui s'appelaient Fernand.

— Nous nous battrons malgré cette réponse. Oh! je veux que cela disparaisse... Mon père, un si noble soldat, une si illustre carrière...

— Ou bien il mettra : Nous sommes fondés à croire que ce Fernand n'a rien de commun avec M. le comte de Morcerf, dont le nom de baptême est aussi Fernand.

— Il me faut une rétractation pleine et entière; je ne me contenterai point de celle-là !

— Et vous allez lui envoyer vos témoins?

— Oui.

— Vous avez tort.

— Cela veut dire que vous me refusez le service que je venais vous demander.

— Ah! vous savez ma théorie à l'égard du duel, je vous ai fait ma profession de foi à Rome, vous vous la rappelez?

— Cependant, mon cher comte, je vous ai trouvé ce matin, tout-à-l'heure, exerçant une occupation peu en harmonie avec cette théorie.

— Parce que, mon cher ami, vous comprenez, il ne faut jamais être exclusif. Quand on vit avec des fous, il faut faire aussi son apprentissage d'insensé; d'un moment à l'autre quelque cerveau brûlé, qui n'aura pas plus de motif de me chercher querelle que vous n'en avez d'aller chercher querelle à Beauchamp, me viendra trouver pour la première niaiserie venue, ou m'enverra ses témoins, ou m'insultera dans un endroit public : eh bien! ce cerveau brûlé, il faudra bien que je le tue.

— Vous admettez donc que vous-même vous vous battriez?

— Pardieu!

— Eh bien! alors, pourquoi voulez-vous que moi je ne me batte pas?

— Je ne dis point que vous ne devez pas vous battre; je dis seulement qu'un duel est une chose grave et à laquelle il faut réfléchir.

— A-t-il réfléchi, lui, pour insulter mon père?

— S'il n'a pas réfléchi, et qu'il vous l'avoue, il ne faut pas lui en vouloir.

— Oh! mon cher comte, vous êtes beaucoup trop indulgent!

— Et vous beaucoup trop rigoureux.

Voyons, je suppose... écoutez bien ceci : je suppose... N'allez pas vous fâcher de ce que je vous dis !

— J'écoute.

— Je suppose que le fait rapporté soit vrai...

— Un fils ne doit pas admettre une pareille supposition sur l'honneur de son père.

— Eh ! mon Dieu, nous sommes dans une époque où l'on admet tant de choses !

— C'est justement le vice de l'époque.

— Avez-vous la prétention de la réformer ?

— Oui, à l'endroit de ce qui me regarde.

— Mon Dieu ! quel rigoriste vous faites, mon cher ami !

— Je suis ainsi.

— Etes-vous inaccessible aux bons conseils.

— Non, quand ils viennent d'un ami.

— Me croyez-vous le vôtre ?

— Oui.

— Eh bien, avant d'envoyer vos témoins à Beauchamp, informez-vous.

— Auprès de qui ?

— Eh pardieu, auprès d'Haydée, par exemple.

— Mêler une femme dans tout cela, que peut-elle y faire ?

— Vous déclarer que votre père n'est pour rien dans la défaite ou dans la mort du sien par exemple, ou vous éclairer à ce sujet, si par hasard votre père avait eu le malheur...

— Je vous ai déjà dit, mon cher comte, que je ne pouvais admettre une pareille supposition.

— Vous refusez donc ce moyen ?

— Je le refuse.

— Absolument ?

— Absolument !

— Alors, un dernier conseil.

— Soit ! mais le dernier.

— Ne le voulez-vous point ?

— Au contraire, je vous le demande.

— N'envoyez point de témoins à Beauchamp.

— Comment ?

— Allez le trouver vous-même.

— C'est contre toutes les habitudes.

— Votre affaire est en dehors des affaires ordinaires.

— Et pourquoi dois-je y aller moi-même, voyons ?

— Parce qu'ainsi l'affaire reste entre vous et Beauchamp.

— Expliquez-vous.

— Sans doute ; si Beauchamp est disposé à se rétracter, il faut lui laisser le mérite de la bonne volonté, la rétractation n'en sera pas moins faite. S'il refuse, au contraire, il sera temps de mettre deux étrangers dans votre secret.

— Ce ne seront pas deux étrangers, ce seront deux amis !

— Les amis d'aujourd'hui sont les ennemis de demain !

— Oh! par exemple!

— Témoin Beauchamp.

— Ainsi...

— Ainsi je vous recommande la prudence.

— Ainsi vous croyez que je dois aller trouver Beauchamp moi-même ?

— Oui.

— Seul ?

— Seul. Quand on veut obtenir quelque chose de l'amour-propre d'un homme, il faut sauver à l'amour-propre de cet homme jusqu'à l'apparence de la souffrance.

— Je crois que vous avez raison.

— Ah ! c'est bien heureux !

— J'irai seul.

— Allez ; mais vous feriez encore mieux de n'y point aller du tout.

— C'est impossible.

— Faites donc ainsi ; ce sera toujours mieux que ce que vous vouliez faire.

— Mais, en ce cas, voyons si, malgré toutes mes précautions, tous mes procédés, si j'ai un duel, me servirez-vous de témoin ?

— Mon cher vicomte, dit Monte-Christo avec une gravité suprême, vous avez dû voir qu'en temps et lieu j'étais tout à votre dévotion ; mais le service que vous me demandez là sort du cercle de ceux que je puis vous rendre.

— Pourquoi cela ?

— Peut-être le saurez-vous un jour.

— Mais en attendant ?

— Je demande votre indulgence pour mon secret.

— C'est bien. Je prendrai Franz et Château-Renaud.

— Prenez Franz et Château-Renaud, ce sera à merveille.

— Mais enfin, si je me bats, vous me donnerez bien une petite leçon d'épée ou de pistolet ?

— Non, c'est encore une chose impossible.

— Singulier homme que vous faites, allez ! Alors vous ne voulez vous mêler de rien ?

— De rien absolument.

— Alors n'en parlons plus. Adieu, comte.

— Adieu, vicomte.

Morcerf prit son chapeau et sortit.

A la porte, il retrouva son cabriolet, et, contenant du mieux qu'il put sa colère, il se fit conduire chez Beauchamp; Beauchamp était à son journal.

Albert se fit conduire au journal.

Beauchamp était dans un bureau sombre et poudreux comme sont de fondation les bureaux de journaux.

On lui annonça Albert de Morcerf. Il

fit répéter deux fois l'annonce ; puis, mal convaincu encore, il cria, Entrez !

Albert parut.

Beauchamp poussa une exclamation de surprise en voyant son ami franchir les liasses de papier, et fouler d'un pied mal exercé les journaux de toutes grandeurs qui jonchaient non point le parquet, mais le carreau rougi de son bureau.

— Par ici, par ici, mon cher Albert ! dit-il, en tendant la main au jeune homme ; qui diable vous amène ? êtes-vous perdu comme le petit Poucet, ou venez-vous tout bonnement me demander à déjeuner ? Tâchez de trouver une chaise ; tenez, là-bas, près de ce géranium qui, seul ici, me rappelle qu'il y a au monde des feuilles qui ne sont pas des feuilles de papier.

— Beauchamp, dit Albert, c'est de votre journal que je viens vous parler.

— Vous Morcerf? Que désirez-vous?

— Je désire une rectification.

— Vous, une rectification! A propos de quoi, Albert? Mais asseyez-vous donc!

— Merci, répondit Albert pour la seconde fois, et avec un léger signe de tête.

— Expliquez-vous.

— Une rectification sur un fait qui

porte atteinte à l'honneur d'un membre de ma famille.

— Allonc donc ! dit Beauchamp surpris. Quel fait ? Cela ne se peut pas.

— Le fait qu'on vous a écrit de Janina.

— De Janina ?

— Oui, de Janina. En vérité vous avez l'air d'ignorer ce qui m'amène ?

— Sur mon honneur !... Baptiste! un journal d'hier ! cria Beauchamp.

— C'est inutile, je vous apporte le mien.

Beauchamp lut en bredouillant :

« On nous écrit de Janina, etc., etc. »

— Vous comprenez que le fait est grave, dit Morcerf quand Beauchamp eut fini.

— Cet officier est donc votre parent? demanda le journaliste.

— Oui, dit Albert en rougissant.

— Eh bien! que voulez-vous que je fasse pour vous être agréable? dit Beauchamp avec douceur.

— Je voudrais, mon cher Beauchamp, que vous rétractassiez ce fait.

Beauchamp regarda Albert avec une

attention qui annonçait assurément beaucoup de bienveillance.

— Voyons, dit-il, cela va nous entraîner dans une longue causerie; car c'est toujours une chose grave qu'une rétractation. Asseyez-vous; je vais relire ces trois ou quatre lignes.

Albert s'assit, et Beauchamp relut les lignes incriminées par son ami avec plus d'attention que la première fois.

— Eh bien! vous le voyez, dit Albert avec fermeté, avec rudesse même, on a insulté dans votre journal quelqu'un de ma famille, et je veux une rétractation.

— Vous... voulez...

— Oui, je veux.

— Permettez-moi de vous dire que vous n'êtes point parlementaire, mon cher vicomte.

— Je ne veux point l'être, répliqua le jeune homme en se levant; je poursuis la rétractation d'un fait que vous avez énoncé hier, et je l'obtiendrai. Vous êtes assez mon ami, continua Albert les lèvres serrées, voyant que Beauchamp, de son côté, commençait à relever sa tête dédaigneuse; vous êtes assez mon ami, et comme tel, vous me connaissez assez, je l'espère, pour comprendre ma tenacité en pareille circonstance.

— Si je suis votre ami, Morcerf, vous finirez par me le faire oublier avec des mots pareils à ceux de tout-à-l'heure... Mais voyons, ne nous fâchons pas, ou du moins, pas encore... Vous êtes inquiet, irrité, piqué... Voyons, quel est ce parent qu'on appelle Fernand?

— C'est mon père, tout simplement, dit Albert; M. Fernand Mondego, comte de Morcerf, un vieux militaire qui a vu vingt champs de bataille, et dont on voudrait couvrir les nobles cicatrices avec la fange impure ramassée dans le ruisseau.

— C'est votre père! dit Beauchamp, alors c'est autre chose; je conçois votre indignation, mon cher Albert. Relisons donc...

Et il relut la note en pesant cette fois sur chaque mot.

— Mais où voyez-vous, demanda Beauchamp, que le Fernand du journal soit votre père?

— Nulle part, je le sais bien; mais d'autres le verront. C'est pour cela que je veux que le fait soit démenti.

Aux mots *je veux*, Beauchamp leva les yeux sur Morcerf, et, les baissant presque aussitôt, il demeura un instant pensif.

— Vous démentirez ce fait, n'est-ce pas, Beauchamp? répéta Morcerf avec une colère croissante, quoique toujours concentrée.

— Oui, dit Beauchamp.

— A la bonne heure! dit Albert.

— Mais quand je me serai assuré que le fait est faux.

— Comment!

— Oui, la chose vaut la peine d'être éclaircie, et je l'éclaircirai.

— Mais que voyez-vous donc à éclaircir dans tout cela, Monsieur? dit Albert hors de toute mesure. Si vous ne croyez pas que ce soit mon père, dites-le tout de suite; si vous croyez que ce soit lui, rendez-moi raison de cette opinion?

Beauchamp regarda Albert avec ce sourire qui lui était particulier et qui savait prendre la nuance de toutes les passions.

— Monsieur, reprit-il, puisque monsieur il y a, si c'est pour me demander raison que vous êtes venu, il fallait le faire d'abord et ne point venir me parler d'amitié et d'autres choses oiseuses comme celles que j'ai la patience d'entendre depuis une demi-heure. Est-ce bien sur ce terrain que nous allons marcher désormais, voyons?

—Oui, si vous ne rétractez pas l'infâme calomnie!

— Un moment! pas de menaces, s'il vous plaît, monsieur Fernand de Mondego, vicomte de Morcerf; je n'en souffre pas de mes ennemis, à plus forte raison de mes amis. Donc, vous voulez que je démente le fait sur le général Fernand, fait auquel je n'ai, sur mon honneur, pris aucune part?

— Oui, je le veux! dit Albert, dont la tête commençait à s'égarer.

— Sans quoi, nous nous battrons, continua Beauchamp avec le même calme.

— Oui! reprit Albert en haussant la voix.

— Eh bien! dit Beauchamp, voici ma réponse, mon cher Monsieur : ce fait n'a pas été inséré par moi, je ne le connaissais pas; mais vous avez, par votre démarche, attiré mon attention sur ce fait, elle s'y cramponne; il subsistera donc jusqu'à ce qu'il soit démenti ou confirmé par qui de droit.

— Monsieur! dit Albert en se levant, je vais donc avoir l'honneur de vous envoyer mes témoins; vous discuterez avec eux le lieu et les armes.

— Parfaitement, mon cher monsieur.

— Et ce soir, s'il vous plaît, ou demain au plus tard, nous nous rencontrerons.

— Non pas! non pas! Je serai sur le terrain quand il le faudra, et, à mon avis (j'ai le droit de le donner, puisque c'est moi qui reçois la provocation) ; et, à mon avis, dis-je, l'heure n'est pas encore venue. Je sais que vous tirez très-bien l'épée, je la tire passablement ; je sais que vous faites trois mouches sur six, c'est ma force à peu près ; je sais qu'un duel entre nous sera un duel sérieux, parce que vous êtes brave et que... je le suis aussi. Je ne veux donc pas m'exposer à vous tuer ou à être tué moi-même par vous, sans cause. C'est moi qui vais à mon tour poser la question et ca-té-go-ri-que-ment :

Tenez-vous à cette rétractation au point de me tuer si je ne la fais pas, bien que je vous aie dit, bien que je vous répète, bien que je vous affirme sur l'honneur que je ne connaissais pas le fait, bien que je vous déclare enfin qu'il est impossible à tout autre qu'à un don Japhet comme vous de deviner M. le comte de Morcerf sous ce nom de Fernand ?

— J'y tiens absolument !

— Eh bien ! mon cher Monsieur, je consens à me couper la gorge avec vous, mais je veux trois semaines ; dans trois semaines vous me retrouverez pour vous dire : Oui le fait est faux, et je l'efface, ou bien : Oui, le fait est vrai, et je sors les épées du fourreau, ou les pistolets de la boîte, à votre choix.

— Trois semaines, s'écria Albert, mais trois semaines, c'est trois siècles pendant lesquels je suis déshonoré !

— Si vous étiez resté mon ami, je vous eusse dit : Patience, ami ; vous vous êtes fait mon ennemi et je vous dis : Que m'importe à moi, Monsieur.

— Eh bien ! dans trois semaines, soit ! dit Morcerf. Mais songez-y, dans trois semaines il n'y aura plus ni délai ni subterfuge qui puisse vous dispenser...

— Monsieur Albert de Morcerf, dit Beauchamp en se levant à son tour, je ne puis vous jeter par les fenêtres que dans trois semaines, c'est-à-dire dans vingt-quatre jours, et vous vous n'avez le droit de me pourfendre qu'à cette époque. Nous sommes le 29 du mois d'août, au 21 donc du mois de septembre. Jusque-là, croyez-moi, et c'est un conseil de gentilhomme que je vous donne, jusque-là, épargnons-nous les aboiements de deux dogues enchaînés à distance.

Et Beauchamp, saluant gravement le jeune homme, lui tourna le dos et passa dans son imprimerie.

Albert se vengea sur une pile de journaux qu'il dispersa en les cinglant à grands coups de badine, après quoi il partit, non sans s'être retourné deux ou trois fois vers la porte de l'imprimerie.

Tandis qu'Albert fouettait le devant de son cabriolet après avoir fouetté les innocents papiers noircis qui n'en pou-

vaient mais de sa déconvenue, il aperçut
en traversant le boulevart Morrel, qui,
le nez au vent, l'œil éveillé et les bras dé-
gagés, passait devant les bains Chinois,
venant du côté de la porte Saint-Martin,
et allant du côté de la Madeleine.

— Ah! dit-il en soupirant, voilà un
homme heureux!

Par hasard, Albert ne se trompait
point.

CHAPITRE V.

LA LIMONADE.

En effet, Morrel était bien heureux.

M. Noirtier venait de l'envoyer chercher, et il avait si grand'hâte de savoir pour quelle cause, qu'il n'avait pas pris de cabriolet, se fiant bien plus à ses deux jambes qu'aux quatre jambes d'un cheval de place ; il était donc parti tout courant de la rue Meslay, et se rendait au faubourg Saint-Honoré.

Morrel marchait au pas gymnastique, et le pauvre Barrois le suivait de son mieux. Morrel avait trente et un ans, Barrois en avait soixante; Morrel était ivre d'amour, Barrois était altéré par la grande chaleur. Ces deux hommes, ainsi divisés d'intérêts et d'âge, ressemblaient aux deux lignes que forme un triangle : écartées par la base, elles se rejoignent au sommet.

Le sommet, c'était Noirtier, lequel avait envoyé chercher Morrel en lui recommandant de faire diligence, recommandation que Morrel suivait à la lettre, au grand désespoir de Barrois.

En arrivant, Morrel n'était pas même essoufflé : l'amour donne des ailes; mais Barrois, qui depuis longtemps n'était plus amoureux, Barrois était en nage.

Le vieux serviteur fit entrer Morrel par la porte particulière, ferma la porte du cabinet, et bientôt un froissement de robe sur le parquet annonça la visite de Valentine.

Valentine était belle à ravir sous ses vêtements de deuil.

Le rêve devenait si doux, que Morrel se fût presque passé de converser avec Noirtier; mais le fauteuil du vieillard roula bientôt sur le parquet, et il entra.

Noirtier accueillit par un regard bienveillant les remercîments que Morrel lui prodiguait pour cette merveilleuse intervention qui les avait sauvés, Valentine et lui, du désespoir. Puis le regard de Morrel alla provoquer, sur la nouvelle faveur qui lui était accordée, la jeune fille qui, timide et assise loin de Morrel, attendait d'être forcée à parler.

Noirtier la regarda à son tour.

— Il faut donc que je dise ce dont vous m'avez chargée? demanda-t-elle.

— Oui, fit Noirtier.

— Monsieur Morrel, dit alors Valentine au jeune homme qui la dévorait des yeux, mon bon papa Noirtier avait mille choses à vous dire, que depuis trois jours il m'a dites; aujourd'hui il vous envoie chercher pour que je vous les répète; je vous les répéterai donc, puisqu'il m'a choisie pour son interprète, sans changer un mot à ses intentions.

— Oh! j'écoute bien impatiemment, répondit le jeune homme; parlez, Mademoiselle, parlez.

Valentine baissa les yeux; ce fut un présage qui parut doux à Morrel. Valentine n'était faible que dans le bonheur.

— Mon père veut quitter cette maison, dit-elle; Barrois s'occupe de lui chercher un appartement convenable.

— Mais vous, mademoiselle, dit Morrel, vous qui êtes si chère et si nécessaire à M. Noirtier?

— Moi, reprit la jeune fille, je ne quitterai point mon grand-père; c'est chose convenue entre lui et moi. Mon appartement sera près du sien. Ou j'aurai le consentement de M. Villefort pour aller habiter avec papa Noirtier, ou on me le refusera : dans le premier cas, je pars dès à présent; dans le second, j'attends ma majorité, qui arrive dans dix mois. Alors, je serai libre, j'aurai une fortune indépendante, et...

— Et?... demanda Morrel.

— Et, avec l'autorisation de bon papa, je tiendrai la promesse que je vous ai faite.

Valentine prononça ces derniers mots si bas, que Morrel n'eût pu les entendre sans l'intérêt qu'il avait à les dévorer.

— N'est-ce point votre pensée que j'ai exprimée là, bon papa? ajouta Valentine en s'adressant à Noirtier.

— Oui, fit le vieillard.

— Une fois chez mon grand-père, ajouta Valentine, M. Morrel pourra m'y venir voir en présence de ce bon et digne protecteur : si le lien que nos cœurs, peut-être ignorants ou capricieux, avaient commencé de former, paraît convenable et offre des garanties de bonheur futur à notre expérience (hélas! dit-on, les cœurs enflammés par les obstacles se refroidissent dans la sécurité!), alors

M. Morrel pourra me demander à moi-même, je l'attendrai.

— Oh! s'écria Morrel tenté de s'agenouiller devant le vieillard comme devant Dieu, devant Valentine comme devant un ange; oh! qu'ai-je donc fait de bien dans ma vie pour mériter tant de bonheur!

— Jusque-là, continua la jeune fille de sa voix pure et sévère, nous respecterons les convenances, la volonté même de nos parents, pourvu que cette volonté ne tende pas à nous séparer pour toujours; en un mot, et je répète ce mot, parce qu'il dit tout, nous attendrons.

— Et les sacrifices que ce mot impose, Monsieur, dit Morrel, je vous jure de les accomplir, non pas avec résignation, mais avec bonheur.

— Ainsi, continua Valentine avec un regard bien doux au cœur de Maximilien, plus d'imprudences, mon ami, ne compromettez pas celle qui, à partir d'aujourd'hui, se regarde comme destinée à porter purement et dignement votre nom.

Morrel appuya sa main sur son cœur.

Cependant Noirtier les regardait tous deux avec tendresse. Barrois, qui était resté au fond comme un homme à qui l'on n'a rien à cacher, souriait en essuyant les grosses gouttes d'eau qui tombaient de son front chauve.

— Oh! mon Dieu, comme il a chaud, ce bon Barrois, dit Valentine.

— Ah! dit Barrois, c'est que j'ai bien couru, allez, Mademoiselle; mais M. Morrel, je dois lui rendre cette justice-là, courait encore plus vite que moi.

Noirtier indiqua de l'œil un plateau sur lequel étaient servis une carafe de limonade et un verre. Ce qui manquait dans la carafe avait été bu une demi-heure auparavant par Noirtier.

— Tiens, bon Barrois, dit la jeune fille, prends, car je vois que tu couves des yeux cette carafe entamée.

— Le fait est, dit Barrois, que je meurs

de soif, et que je boirai bien volontiers un verre de limonade à votre santé.

— Bois donc, dit Valentine, et reviens dans un instant.

Barrois emporta le plateau, et à peine était-il dans le corridor, qu'à travers la porte qu'il avait oublié de fermer, on le vit pencher la tête en arrière pour vider le verre que Valentine avait rempli.

Valentine et Morrel échangeaient leurs adieux en présence de Noirtier, quand on entendit la sonnette retentir dans l'escalier de Villefort.

C'était le signal d'une visite.

Valentine regarda la pendule.

— Il est midi, dit-elle; c'est aujourd'hui samedi, bon papa, c'est sans doute le docteur.

Noirtier fit signe qu'en effet ce devait être lui.

— Il va venir ici, il faut que M. Morrel s'en aille, n'est-ce pas, bon papa?

— Oui, répondit le vieillard.

— Barrois! appela Valentine; Barrois, venez!

On entendit la voix du vieux serviteur qui répondait :

— J'y vais, Mademoiselle.

— Barrois va vous reconduire jusqu'à

la porte, dit Valentine à Morrel ; et maintenant rappelez-vous une chose, monsieur l'officier, c'est que mon bon papa vous recommande de ne risquer aucune démarche capable de compromettre notre bonheur.

— J'ai promis d'attendre, dit Morrel, et j'attendrai.

En ce moment Barrois entra.

— Qui a sonné? demanda Valentine.

— M. le docteur d'Avrigny, dit Barrois, en chancelant sur ses jambes.

— Eh bien! qu'avez-vous donc, Barrois? demanda Valentine.

Le vieillard ne répondit pas; il regardait son maître avec des yeux effarés, tandis que de sa main crispée il cherchait un appui pour demeurer debout.

— Mais il va tomber! s'écria Morrel.

En effet, le tremblement dont Barrois était saisi augmentait par degrés; les traits du visage, altérés par les mouvements convulsifs des muscles de la face, annonçaient une attaque nerveuse des plus intenses.

Noirtier, voyant Barrois ainsi troublé, multipliait ses regards dans lesquels se peignaient, intelligibles et palpitantes, toutes les émotions qui agitent le cœur de l'homme.

Barrois fit quelques pas vers son maître.

— Ah! mon Dieu! mon Dieu! Seigneur! dit-il, mais qu'ai-je donc?... je souffre... je n'y vois plus... Mille pointes de feu me traversent le crâne. Oh! ne me touchez pas, ne me touchez pas!

En effet, les yeux devenaient saillants et hagards, et la tête se renversait en arrière, tandis que la partie inférieure du corps se raidissait.

Valentine épouvantée poussa un cri; Morrel la prit dans ses bras comme pour la défendre contre quelque danger inconnu.

— Monsieur d'Avrigny! Monsieur d'Avrigny! cria Valentine d'une voix étouffée, à nous! au secours!

Barrois tourna sur lui-même, fit trois pas en arrière, trébucha et vint tomber aux pieds de Noirtier, sur le genou duquel il appuya sa main en criant :

— Mon maître! mon bon maître!

En ce moment M. de Villefort, attiré par les cris, parut sur le seuil de la chambre.

Morrel lâcha Valentine à moitié évanouie, et se rejetant en arrière, s'enfonça dans l'angle de la chambre, et disparut presque derrière un rideau.

Pâle comme s'il eût vu un serpent se

dresser devant lui, il attachait un regard glacé sur le malheureux agonisant.

Noirtier bouillait d'impatience et de terreur ; son ame volait au secours du pauvre vieillard, son ami plutôt que son domestique. On voyait le combat terrible de la vie et de la mort se traduire sur son front par le gonflement des veines et la contraction de quelques muscles restés vivants autour de ses yeux.

Barrois, la face agitée, les yeux injectés de sang, le cou renversé en arrière, gisait battant le parquet de ses mains, tandis qu'au contraire ses jambes roidies semblaient devoir rompre plutôt que plier.

Une légère écume montait à ses lèvres, et il haletait douloureusement.

Villefort, stupéfait, demeura un instant les yeux fixés sur ce tableau, qui, dès son entrée dans la chambre, attira ses regards.

Il n'avait pas vu Morrel.

Après un instant de contemplation muette pendant lequel on put voir son visage pâlir et ses cheveux se dresser sur sa tête :

— Docteur ! docteur ! s'écria-t-il en s'élançant vers la porte, venez ! venez !

— Madame ! madame ! cria Valentine appelant sa belle-mère et se heurtant aux parois de l'escalier, venez ! venez vite ! et apportez votre flacon de sels !

— Qu'y a-t-il ? demanda la voix métallique et contenue de madame de Villefort.

— Oh ! venez ! venez !

— Mais où donc est le docteur ? criait Villefort ; où est-il ?

Madame de Villefort descendit lentement ; on entendait craquer les planches sous ses pieds. D'une main elle tenait le mouchoir avec lequel elle s'essuyait le visage, de l'autre un flacon de sels anglais.

Son premier regard, en arrivant à la porte, fut pour Noirtier, dont le visage, sauf l'émotion bien naturelle dans une semblable circonstance, annonçait une santé égale ; son second coup d'œil rencontra le moribond.

Elle pâlit, et son œil rebondit pour ainsi dire du serviteur sur le maître.

— Mais au nom du ciel, Madame, où est le docteur ? Il est entré chez vous. C'est une apoplexie, vous voyez bien, avec une saignée on le sauvera.

— A-t-il mangé depuis peu ? demanda madame de Villefort éludant la question.

— Madame, dit Valentine, il n'a pas déjeuné, mais il a fort couru ce matin pour faire une commission dont l'avait chargé bon papa. Au retour seulement il a pris un verre de limonade.

— Ah ! fit madame de Villefort, pourquoi pas du vin ? C'est très-mauvais, la limonade.

— La limonade était là sous sa main, dans la carafe de bon papa ; le pauvre Barrois avait soif, il a bu ce qu'il a trouvé.

Madame de Villefort tressaillit, Noirtier l'enveloppa de son regard profond.

— Il a le cou si court ! dit-elle.

— Madame, dit Villefort, je vous demande où est M. d'Avrigny ; au nom du ciel répondez !

— Il est dans la chambre d'Edouard qui est un peu souffrant, dit madame de

Villefort qui ne pouvait éluder plus longtemps.

Villefort s'élança dans l'escalier pour l'aller chercher lui-même.

— Tenez, dit la jeune femme en donnant son flacon à Valentine, on va le saigner sans doute. Je remonte chez moi, car je ne puis supporter la vue du sang.

Et elle suivit son mari.

Morrel sortit de l'angle sombre où il s'était retiré, et où personne ne l'avait vu, tant la préoccupation était grande.

— Partez vite, Maximilien! lui dit Valentine, et attendez que je vous rappelle. Allez!

Morrel consulta Noirtier par un geste. Noirtier qui avait conservé tout son sang-froid, lui fit signe que oui.

Il serra la main de Valentine contre son cœur et sortit par le corridor dérobé.

En même temps Villefort et le docteur rentraient par la porte opposée.

Barrois commençait à revenir à lui : la crise était passée, sa parole revenait gémissante, et il se soulevait sur un genou.

D'Avrigny et Villefort portèrent Barrois sur une chaise longue.

— Qu'ordonnez-vous, docteur ? demanda Villefort.

— Qu'on m'apporte de l'eau et de l'éther. Vous en avez dans la maison ?

— Oui.

— Qu'on coure me chercher de l'huile de térébenthine et de l'émétique.

— Allez ! dit Villefort.

— Et maintenant que tout le monde se retire.

— Moi aussi ? demanda timidement Valentine.

— Oui, Mademoiselle, vous surtout ! dit rudement le docteur.

Valentine regarda M. d'Avrigny avec

étonnement, embrassa M. Noirtier au front et sortit.

Derrière elle le docteur ferma la porte d'un air sombre.

— Tenez! tenez! docteur, le voilà qui revient; ce n'était qu'une attaque sans importance.

M. d'Avrigny sourit d'un air sombre.

— Comment vous sentez-vous, Barrois? demanda le docteur.

— Un peu mieux, Monsieur.

— Pouvez-vous boire ce verre d'eau éthérée?

— Je vais essayer; mais ne me touchez pas.

— Pourquoi ?

— Parce qu'il me semble que si vous me touchiez, ne fût-ce que du bout du doigt, l'accès me reprendrait.

— Buvez !

Barrois prit le verre, l'approcha de ses lèvres violettes et le vida à moitié à peu près.

— Où souffrez-vous ? demanda le docteur.

— Partout ; j'éprouve comme d'effroyables crampes.

— Avez-vous des éblouissements ?

— Oui.

— Des tintements d'oreille ?

— Affreux !

— Quand cela vous a-t-il pris ?

— Tout-à-l'heure.

— Rapidement ?

— Comme la foudre !

— Rien hier ? rien avant-hier ?

— Rien.

— Pas de somnolences ? pas de pesanteurs ?

— Non.

— Qu'avez-vous mangé aujourd'hui?

— Je n'ai rien mangé, j'ai bu seulement un verre de la limonade de Monsieur, voilà tout.

Et Barrois fit de la tête un signe pour désigner Noirtier qui, immobile dans son fauteuil, contemplait cette terrible scène sans en perdre un mouvement, sans laisser échapper une parole.

— Où est cette limonade? demanda vivement le docteur.

— Dans la carafe, en bas.

— Où cela, en bas?

— Dans la cuisine.

— Voulez-vous que j'aille la chercher, docteur? demanda Villefort.

— Non, restez ici, et tâchez de faire boire au malade le reste de ce verre d'eau.

— Mais cette limonade...

— J'y vais moi-même.

D'Avrigny fit un bond, ouvrit la porte, s'élança dans l'escalier de service, et faillit renverser madame de Villefort, qui, elle aussi, descendait à la cuisine.

Elle poussa un cri.

D'Avrigny n'y fit pas même attention;

emporté par la puissance d'une seule idée, il sauta les trois ou quatre dernières marches, se précipita dans la cuisine, et aperçut le carafon aux trois quarts vide sur son plateau.

Il fondit dessus comme un aigle sur sa proie.

Haletant, il remonta au rez-de-chaussée et rentra dans la chambre.

Madame de Villefort remontait lentement l'escalier qui conduisait chez elle.

— Est-ce bien cette carafe qui était ici? demanda d'Avrigny.

— Oui, monsieur le docteur.

— Cette limonade est la même que vous avez bue?

— Je le crois.

— Quel goût lui avez-vous trouvé?

— Un goût amer.

Le docteur versa quelques gouttes de limonade dans le creux de sa main, les aspira avec ses lèvres, et après s'en être rincé la bouche comme on fait avec le vin que l'on veut goûter, il cracha la liqueur dans la cheminée.

— C'est bien la même, dit-il. Et vous en avez bu aussi, vous, monsieur Noirtier?

— Oui, fit le vieillard.

— Et vous lui avez trouvé ce même goût amer?

— Oui.

— Ah! monsieur le docteur! cria Barrois, voilà que cela me reprend! Mon Dieu, Seigneur, ayez pitié de moi!

Le docteur courut au malade.

— Cet émétique, Villefort, voyez s'il vient.

Villefort s'élança en criant:

— L'émétique! l'émétique! l'a-t-on apporté?

Personne ne répondit. La terreur la plus profonde régnait dans la maison.

— Si j'avais un moyen de lui insuffler de l'air dans les poumons, dit d'Avrigny en regardant autour de lui, peut-être y aurait-il un moyen de prévenir l'asphyxie. Mais non! rien! rien!

— Oh! Monsieur, criait Barrois, me laisserez-vous mourir ainsi sans secours? Oh! je me meurs! mon Dieu! je me meurs!

— Une plume! une plume! demanda le docteur.

Il en aperçut une sur la table.

Il essaya d'introduire la plume dans la

bouche du malade, qui faisait, au milieu de ses convulsions, d'inutiles efforts pour vomir ; mais les mâchoires étaient tellement serrées, que la plume ne put passer.

Barrois était atteint d'une attaque nerveuse encore plus intense que la première. Il avait glissé de la chaise longue à terre, et se raidissait sur le parquet.

Le docteur le laissa en proie à cet accès, auquel il ne pouvait apporter aucun soulagement ; et allant à Noirtier :

— Comment vous trouvez-vous ? lui dit-il précipitamment et à voix basse ; bien ?

— Oui.

— Léger d'estomac ou lourd? léger ?

— Oui.

— Comme lorsque vous avez pris la pilule que je vous fais donner chaque dimanche ?

— Oui.

— Est-ce Barrois qui a fait votre limonade ?

— Oui.

— Est-ce vous qui l'avez engagé à en boire ?

— Non.

— Est-ce M. de Villefort ?

— Non.

— Madame ?

— Non.

— C'est donc Valentine, alors ?

— Oui.

Un soupir de Barrois, un bâillement qui faisait craquer les os de sa mâchoire appelèrent l'attention de d'Avrigny; il quitta M. Noirtier et courut près du malade.

— Barrois, dit le docteur, pouvez-vous parler ?

Barrois balbutia quelques paroles inintelligibles.

— Essayez un effort, mon ami.

Barrois rouvrit des yeux sanglants.

— Qui a fait la limonade ?

— Moi.

— L'avez-vous apportée à votre maître aussitôt après l'avoir faite ?

— Non.

— Vous l'avez laissée quelque part alors ?

— A l'office ; on m'appelait.

— Qui l'a apportée ici ?

— Mademoiselle Valentine.

D'Avrigny se frappa le front.

— Oh! mon Dieu! mon Dieu! murmura-t-il.

— Docteur! docteur! cria Barrois, qui sentait un troisième accès arriver.

— Mais n'apportera-t-on pas cet émétique? s'écria le docteur.

— Voilà un verre tout préparé, dit Villefort en rentrant.

— Par qui?

— Par le garçon pharmacien qui est venu avec moi.

— Buvez.

— Impossible, docteur, il est trop tard; j'ai la gorge qui se serre; j'étouffe! Oh! mon cœur! Oh! ma tête... Oh! quel enfer... Est-ce que je vais souffrir longtemps comme cela?

— Non, non, mon ami, dit le docteur, bientôt vous ne souffrirez plus.

— Ah! je vous comprends! s'écria le malheureux; mon Dieu! prenez pitié de moi!

Et, jetant un cri, il tomba renversé en arrière, comme s'il eût été foudroyé.

D'Avrigny posa une main sur son cœur, approcha une glace de ses lèvres.

— Eh bien? demanda Villefort.

— Allez dire à la cuisine que l'on m'apporte bien vite du sirop de violettes.

Villefort descendit à l'instant même.

—Ne vous effrayez pas, monsieur Noirtier, dit d'Avrigny, j'emporte le malade dans une autre chambre pour le saigner; en vérité, ces sortes d'attaques sont un affreux spectacle à voir.

Et prenant Barrois par-dessous les bras, il le traîna dans une chambre voisine; mais presque aussitôt il rentra chez Noirtier pour prendre le reste de la limonade.

Noirtier fermait l'œil droit.

— Valentine, n'est-ce pas? vous voulez Valentine? Je vais dire qu'on vous l'envoie.

Villefort remontait ; d'Avrigny le rencontra dans le corridor.

— Eh bien? demanda-t-il.

— Venez, dit d'Avrigny.

Et il l'emmena dans la chambre.

— Toujours évanoui? demanda le procureur du Roi.

— Il est mort.

— Villefort recula de trois pas, joignit les mains au-dessus de sa tête, et avec une commisération non équivoque.

— Mort si promptement! dit-il en regardant le cadavre.

— Oui, bien promptement n'est-ce pas! dit d'Avrigny; mais cela ne doit pas vous étonner : M. et madame de Saint-Méran sont morts tout aussi promptement. Oh! l'on meurt vite dans votre maison, monsieur de Villefort!

— Quoi! s'écria le magistrat avec un accent d'horreur et de consternation, vous en revenez à cette terrible idée.

— Toujours, Monsieur, toujours, dit d'Avrigny avec solennité, car elle ne m'a pas quitté un instant ; et pour que vous soyez bien convaincu que je ne me trompe pas cette fois, écoutez bien, Monsieur de Villefort.

Villefort tremblait convulsivement.

— Il y a un poison qui tue sans presque laisser de trace. Ce poison je le connais bien, je l'ai étudié dans tous les accidents qu'il amène, dans tous les phénomènes qu'il produit. Ce poison, je l'ai reconnu tout-à-l'heure chez le pauvre Barrois, comme je l'avais reconnu chez madame de Saint-Méran. Ce poison, il y a une manière de reconnaître sa présence : il rétablit la couleur bleue du papier de tournesol rougi par un acide, et il teint en vert le sirop de violettes. Nous n'avons pas de papier de tournesol ;

mais tenez, voilà qu'on m'apporte le sirop de violettes que j'ai demandé.

En effet, on entendait des pas dans le corridor ; le docteur entrebâilla la porte, prit des mains de la femme de chambre un vase au fond duquel il y avait deux ou trois cuillerées de sirop, et referma la porte.

— Regardez, dit-il au procureur du Roi, dont le cœur battait si fort qu'on eût pu l'entendre, voici dans cette tasse du sirop de violettes, et dans cette carafe le reste de la limonade dont M. Noirtier et Barrois ont bu une partie. Si la limonade est pure et inoffensive, le sirop va garder sa couleur ; si la limonade est empoisonnée, le sirop va devenir vert. Regardez !

Le docteur versa lentement quelques gouttes de limonade de la carafe dans la tasse, et l'on vit à l'instant même un nuage se former au fond de la tasse : ce nuage prit d'abord une nuance bleue ; puis du saphir il passa à l'opale, et de l'opale à l'émeraude.

Arrivé à cette dernière couleur, il s'y fixa pour ainsi dire ; l'expérience ne laissait aucun doute.

— Le malheureux Barrois a été empoisonné avec de la fausse angusture ou de la noix de Saint-Ignace, dit d'Avrigny ; maintenant j'en répondrais devant les hommes et devant Dieu.

Villefort ne dit rien, lui, mais il leva

les bras au ciel, ouvrit des yeux hagards, et tomba foudroyé sur un fauteuil.

CHAPITRE VI.

L'ACCUSATION.

M. d'Avrigny eut bientôt rappelé à lui le magistrat, qui semblait un second cadavre dans cette chambre funèbre.

— Oh! la mort est dans ma maison! s'écria Villefort.

— Dites le crime, répondit le docteur.

— Monsieur d'Avrigny! s'écria Villefort, je ne puis vous exprimer tout ce qui se passe en moi en ce moment : c'est de l'effroi, c'est de la douleur, c'est de la folie.

— Oui, dit M. d'Avrigny avec un calme imposant : mais je crois qu'il est temps que nous agissions, je crois qu'il est temps que nous opposions une digue à ce torrent de mortalité. Quant à moi, je ne me sens point capable de porter plus longtemps de pareils secrets sans espoir d'en faire bientôt sortir la vengeance pour la société et pour les victimes.

Villefort jeta autour de lui un sombre regard.

— Dans ma maison ! murmura-t-il ; dans ma maison.

— Voyons, magistrat, dit d'Avrigny, soyez homme ; interprète de la loi, honorez-vous par une immolation complète.

— Vous me faites frémir, docteur, une immolation !

— J'ai dit le mot.

— Vous soupçonnez donc quelqu'un ?

— Je ne soupçonne personne ; la mort frappe à votre porte, elle entre, elle va, non pas aveugle, mais intelligente qu'elle est, de chambre en chambre. Eh bien ! moi, je suis sa trace, je reconnais son passage; j'adopte la sagesse des anciens, je tâtonne, car mon amitié pour votre famille, car mon respect pour vous, sont deux bandeaux appliqués sur mes yeux ; eh bien...

— Oh ! parlez, parlez, docteur, j'aurai du courage.

— Eh bien ! Monsieur, vous avez chez vous, dans le sein de votre maison, dans votre famille peut-être, un de ces affreux phénomènes, comme chaque siècle en produit quelqu'un. Locuste et Agrippine vivant en même temps sont une exception, qui prouve la fureur de la Providence à perdre l'empire romain, souillé par tant de crimes. Brunehault et Frédégonde sont les résultats du travail pénible d'une civilisation à sa genèse, dans laquelle l'homme apprenait à dominer l'esprit, fût-ce par l'envoyé des ténèbres. Eh bien ! toutes ces femmes avaient été ou étaient encore jeunes et belles. On avait vu fleurir sur leur front, ou sur leur front fleurissait encore cette même fleur d'innocence que l'on retrouve aussi sur le front de la coupable qui est dans votre maison.

Villefort poussa un cri, joignit les mains, et regarda le docteur avec un geste suppliant.

Mais celui-ci poursuivit sans pitié :

— Cherche à qui le crime profite, dit un axiome de jurisprudence.

— Docteur ! s'écria Villefort, hélas !

docteur, combien de fois la justice des hommes n'a-t-elle pas été trompée par ces funestes paroles ! Je ne sais, mais il me semble que ce crime...

— Ah ! vous avouez donc enfin que le crime existe ?

— Oui, je le reconnais. Que voulez-vous ? il le faut bien. Mais laissez-moi continuer. Il me semble, dis-je, que ce crime tombe sur moi seul et non sur les victimes. Je soupçonne quelque désastre pour moi sous tous ces désastres étranges.

— Oh ! homme, murmura d'Avrigny, le plus égoïste de tous les animaux, la plus personnelle de toutes les créatures, qui croit toujours que la terre tourne, que le soleil brille, que la mort fauche pour lui tout seul ; fourmi maudissant Dieu du haut d'un brin d'herbe ! Et ceux qui ont perdu la vie, n'ont-ils rien perdu, eux ? M. de Saint-Méran, madame de Saint-Méran, M. Noirtier...

— Comment, M. Noirtier !...

— Eh oui ! Croyez-vous, par exemple, que ce soit à ce malheureux domestique qu'on en voulait ? Non, non : comme le Polonais de Shakespeare, il est mort pour un autre. C'était Noirtier qui devait boire la limonade ; c'est Noirtier qui l'a bue selon l'ordre logique des choses : l'autre ne l'a bue que par accident ; et quoique ce soit Barrois qui soit mort, c'est Noirtier qui devait mourir.

— Mais alors comment mon père n'a-t-il pas succombé ?

— Je vous l'ai déjà dit un soir, dans le jardin, après la mort de madame de Saint-Méran, parce que son corps est fait à l'usage de ce poison même; parce que la dose insignifiante pour lui, était mortelle pour tout autre; parce qu'enfin personne ne sait, et pas même l'assassin, que depuis un an je traite avec la brucine la paralysie de M. Noirtier, tandis que l'assassin n'ignore pas, et il s'en est assuré par expérience, que la brucine est un poison violent.

— Mon Dieu ! mon Dieu ! murmura Villefort en se tordant les bras.

— Suivez la marche du criminel ; il tue M. de Saint-Méran.

— Oh ! docteur !

— Je le jurerais; ce que l'on m'a dit des symptômes s'accorde trop bien avec ce que j'ai vu de mes yeux.

Villefort cessa de combattre, et poussa un gémissement.

— Il tue M. de Saint-Méran, répéta le docteur, il tue madame de Saint-Méran : double héritage à recueillir.

Villefort essuya la sueur qui coulait sur son front.

— Ecoutez bien.

— Hélas ! balbutia Villefort, je ne perds pas un mot, pas un seul.

— M. Noirtier, reprit de sa voix impitoyable M. d'Avrigny, M. Noirtier avait testé naguère contre vous, contre votre famille, en faveur des pauvres, enfin; M. Noirtier est épargné, on n'attend rien de lui. Mais il n'a pas plutôt détruit son premier testament, il n'a pas plutôt fait le second, que, de peur qu'il n'en fasse sans doute un troisième, on le frappe : le testament est d'avant-hier, je crois ; vous le voyez, il n'y a pas de temps de perdu.

— Oh! grâce! monsieur d'Avrigny!

— Pas de grâce, Monsieur! le médecin a une mission sacrée sur la terre, c'est pour la remplir qu'il a remonté jusqu'aux sources de la vie et descendu dans les mystérieuses ténèbres de la mort.

Quand le crime a été commis et que Dieu, épouvanté sans doute, détourne son regard du criminel, c'est au médecin de dire : Le voilà !

— Grâce pour ma fille, Monsieur ! murmura Villefort.

— Vous voyez bien que c'est vous qui l'avez nommée, vous, son père !

— Grâce pour Valentine ! Ecoutez, c'est impossible. J'aimerais autant m'accuser moi-même ! Valentine, un cœur de diamant, un lis d'innocence !

— Pas de grâce, monsieur le procureur du Roi, le crime est flagrant. Mademoiselle de Villefort a emballé, elle-même, les médicaments qu'on a envoyés à M. de Saint-Méran, et M. de Saint-Méran est mort.

Mademoiselle de Villefort a préparé les tisanes de madame de Saint-Méran, et madame de Saint-Méran est morte.

Mademoiselle de Villefort a pris des mains de Barrois, que l'on a envoyé dehors, le carafon de limonade que le vieillard vide ordinairement dans la matinée, et le vieillard n'a échappé que par miracle.

Mademoiselle de Villefort est la coupable! c'est l'empoisonneuse! Monsieur le procureur du Roi, je vous dénonce mademoiselle de Villefort; faites votre devoir!

— Docteur, je ne résiste plus, je ne me défends plus, je vous crois : mais, par pitié, épargnez ma vie, mon honneur !

— Monsieur de Villefort, reprit le docteur avec une force croissante, il est des circonstances où je franchis toutes les limites de la sotte circonspection humaine. Si votre fille avait commis seulement un premier crime, et que je la visse en méditer un second, je vous dirais : Avertissez-la, punissez-la, qu'elle passe le reste de sa vie dans quelque cloître, dans quelque couvent à pleurer, à prier. Si elle avait commis un second crime, je vous dirais : Tenez, monsieur de Villefort, voici un poison que ne connaît pas l'empoisonneuse, un poison qui n'a pas d'antidote connu, prompt comme la pensée, rapide comme l'éclair, mortel comme la foudre ; donnez-lui ce poison en recommandant son ame à Dieu, et sauvez ainsi votre honneur et vos jours, car c'est à vous qu'elle en veut. Et je la vois s'approcher de votre chevet avec ses sourires hypocrites et ses douces exhortations ? Malheur à vous ! monsieur de Villefort, si vous ne vous hâtez pas de frapper le premier ! Voilà ce que je vous dirais si elle n'avait tué que deux personnes; mais elle a vu trois agonies, elle a contemplé trois moribonds, s'est agenouillée près de trois cadavres ; au bourreau ! l'empoisonneuse. Au bourreau ! Vous parlez de votre honneur, faites ce que je vous dis, et c'est l'immortalité qui vous attend !

Villefort tomba à genoux.

— Ecoutez, dit-il, je n'ai pas cette

force que vous avez ou plutôt que vous n'auriez pas si, au lieu de ma fille Valentine, il s'agissait de votre fille Madeleine.

Le docteur pâlit.

— Docteur, tout homme fils de la femme est né pour souffrir et mourir; docteur, je souffrirai et j'attendrai la mort.

— Prenez garde, dit M. d'Avrigny, elle sera lente... cette mort, vous la verrez s'approcher après avoir frappé votre père, votre femme, votre fils peut-être.

Villefort, suffoquant, étreignit le bras du docteur.

— Ecoutez-moi! s'écria-t-il, plaignez-moi, secourez-moi... Non, ma fille n'est pas coupable... Traînez-nous devant un tribunal ; je dirai encore : Non, ma fille n'est pas coupable.., il n'y a pas de crime dans ma maison... Je ne veux pas, entendez-vous, qu'il y ait un crime dans ma maison ; car lorsque le crime entre quelque part, c'est comme la mort : il n'entre pas seul. Ecoutez, que vous importe à vous que je meure assassiné ?... êtes-vous mon ami, êtes-vous un homme, avez-vous un cœur ?... Non, vous êtes médecin !... Eh bien ! je vous le dis, non, ma fille ne sera pas traînée par moi aux mains du bourreau !... Ah ! voilà une idée qui me dévore, qui me pousse comme un insensé à creuser ma poitrine avec mes ongles !... Et si vous vous vous trompiez, docteur ! si c'était un autre que ma fille !... Si, un jour, je

venais, pâle comme un spectre, vous dire :
Assassin! tu as tué ma fille!... Tenez, si
cela arrivait, je suis chrétien, monsieur
d'Avrigny, et cependant je me tuerais!...

— C'est bien, dit le docteur, après un
instant de silence, j'attendrai.

Villefort le regarda comme s'il doutait
encore de ses paroles.

— Seulement, continua M. d'Avrigny
d'une voix lente et solennelle, si quelque
personne de votre maison tombe malade,
si vous-même vous vous sentez frappé,
ne m'appelez pas, car je ne viendrai
plus. Je veux bien partager avec vous ce
secret terrible, mais je ne veux pas que
la honte et le remords aillent chez moi
en fructifiant et en grandissant dans ma

conscience, comme le crime et le malheur vont grandir et fructifier dans votre maison.

— Ainsi, vous m'abandonnez, docteur?

— Oui, car je ne puis pas vous suivre plus loin, et je ne m'arrête qu'au pied de l'échafaud. Quelque autre révélation viendra qui amènera la fin de cette terrible tragédie. Adieu.

— Docteur, je vous en supplie!

— Toutes les horreurs qui souillent ma pensée font votre maison odieuse et fatale. Adieu, Monsieur.

— Un mot, un mot seulement encore, docteur ! Vous vous retirez me laissant toute l'horreur de la situation, horreur que vous avez augmentée par ce que vous m'avez révelé. Mais de la mort instantanée, subite, de ce pauvre vieux serviteur, que va-t-on dire ?

— C'est juste, dit M. d'Avrigny, reconduisez-moi.

Le docteur sortit le premier, M. de Villefort le suivit ; les domestiques, inquiets, étaient dans les corridors et sur les escaliers par où devait passer le médecin.

— Monsieur, dit d'Avrigny à Villefort, en parlant à haute voix de façon à ce que tout le monde l'entendît, le pauvre Barrois était trop sédentaire depuis quelques années : lui habitué autrefois avec son maître à courir, à cheval ou en voiture, les quatre coins de l'Europe, il s'est tué à ce service monotone autour d'un fauteuil. Le sang est devenu lourd. Il était replet, il avait le cou gros et court, il a été frappé d'une apoplexie foudroyante, et l'on m'est venu avertir trop tard.

A propos, ajouta-t-il tout bas, ayez bien soin de jeter cette tasse de violettes dans les cendres.

Et le docteur, sans toucher la main de Villefort, sans revenir un seul instant sur ce qu'il avait dit, sortit escorté par les larmes et les lamentations de tous les gens de la maison.

Le soir même tous les domestiques de

Villefort, qui s'étaient réunis dans la cuisine et qui avaient longuement causé entre eux, vinrent demander à madame de Villefort la permission de se retirer. Aucune instance, aucune proposition d'augmentation de gages ne les put retenir; à toutes les paroles ils répondaient :

— Nous voulons nous en aller parce que la mort est dans la maison.

Ils partirent donc, malgré les prières qu'on leur fit, témoignant que leurs regrets étaient vifs de quitter de si bons maîtres, et surtout mademoiselle Valentine, si bonne, si bienfaisante et si douce.

Villefort, à ces mots, regarda Valentine.

Elle pleurait.

Chose étrange ! à travers l'émotion que lui firent éprouver ces larmes, il regarda aussi madame de Villefort, et il lui sembla qu'un sourire fugitif et sombre avait passé sur ses lèvres minces, comme ces météores qu'on voit glisser, sinistres, entre deux nuages au fond d'un ciel orageux.

FIN DU ONZIÈME VOLUME.

TABLE DES CHAPITRES.

Chap. Iᵉʳ. Procès-verbal 1
    II. Les Progrès de M. Cavalcanti fils 51
    III. Haydée 93
    IV. On nous écrit de Janina 171
    V. La Limonade 245
    VI. L'Accusation 291

NOUVELLE EDITION
DES
ŒUVRES COMPLÈTES D'EUGÈNE SUE.
66 volumes in-8.

Le Juif errant	10
Les Mystères de Paris	10
Mathilde	6
Deux Histoires	2
Le Marquis de Létorière	1
Deleytar	2
Jean Cavalier	4
Le Morne au Diable	2
Thérèse Dunoyer	2
Latréaumont	3
La Vigie de Koat-Ven	4
Paula Monti	2
Le Commandeur de Malte	2
Plick et Plock	1
Atar-Gull	2
Arthur	4
Coucaratcha	3
La Salamandre	2
Histoire de la Marine	4

www.ingramcontent.com/pod-product-compliance
Lightning Source LLC
Chambersburg PA
CBHW071239160426
43196CB00009B/1119